有料老人ホームがあぶない

崩壊する高齢者住宅事業

濱田孝一
Koichi Hamada

花伝社

有料老人ホームがあぶない——崩壊する高齢者住宅事業◆目次

目　次

はじめに

日本には、生活の基礎を表す「衣・食・住」という言葉があり、福祉先進国のデンマークには、「福祉は住宅に始まり住宅に終わる」という言葉があります。

２００８年、アメリカで発生したサブプライムローンに端を発した世界同時不況によって、景気が急速に悪化。派遣契約の打ち切りによって、突然、住処（寮）を追い出された労働者が、仕事を探すこともできず、路上生活者になっているということが大きな社会問題となりました。安定した住居は生活の根幹であり、住居が不安定になると、生活そのものが崩壊することになります。

これは、高齢者の住宅も同じです。

今後、超高齢社会を迎える日本では、要介護高齢者は右肩上がりで増加、核家族化、少子化によって家族介護機能は低下し、自宅で生活できない、行き場のない高齢者が急増します。高齢者の孤独死、介護疲れによる自殺、高齢者虐待等、悲しい事件が頻発していることはご存知の通りです。特別養護老人ホーム等の福祉施設を需要にあわせて増加させることは財政的に難しく、緊急避難的な役割が強化されており、対象者の増加によって、今以上に狭き門となることはまちがいありません。

高齢者が安心して暮らせる高齢者住宅は、社会資本として欠くことのできないものとなっています。特に、高齢者は身体能力、適応力が低下しており、転居には身体的、精神的にも大きな負担となるため、何度も住み替えることはできません。生活環境の急激な変化によるストレスは、認知症の一つの発症要因になることが知られています。

介護保険制度によって、要介護高齢者を対象とした有料老人ホーム、高専賃が増えていますが、それは単なる住居の提供ではなく、合わせて「介護・看護・食事」等、生活をサポートするための様々なサービスが提供されています。付属の介護や食事等のサービスが止まれば、要介護高齢者は生きていくことができません。

高齢者の増加、高齢者の特性、高齢者住宅のサービス内容、役割を考えると、これから迎える超高齢社会には、高齢者住宅の量的な増加だけでなく、その住環境をいかに安定させるのかという視点が不可欠なのです。


しかし、その重要性に対し、現在の高齢者住宅事業は、非常に不安定な中にあります。

2009年3月に、群馬県の「静養ホームたまゆら」で、夜間に火災が発生、10人の高齢者が亡くなられました。行き場がなく、劣悪な環境の中で暮らす高齢者の実情が晒され、ニュースでも大きく報道されました。人災とも言うべき悲惨な事件ですが、同様の無届施設と呼ばれる高齢者の住処は、全国に500ヵ所を数え、現在でも増え続けています。当該NPO法人が、突出して問題を抱えていたのではなく、「起こるべくして起こった悲劇」です。

また、本書の中で詳しく述べていますが、この数年の内に、経営が悪化し、事業継続が困難となる有料老人ホームが激増することが危惧されています。自宅を売却し、高額の一時金を支払って入居している高齢者も多く、行き場を失う高齢者をどのようにサポートするのかが、大きな社会問題となることは避けられない情勢です。

事業閉鎖を回避できても、居住者としての権利検討が十分に行われていないため、M&A（合併吸収）で経営者が次々と変わり、契約内容、サービス内容が低下し、追加の負担を求められたり、退居を余儀なくされるというケースも増えてくるでしょう。

高齢者住宅事業は、介護保険という高齢者介護の規制緩和に加え、「勝ち組・負け組」「ベンチャーブーム」という社会風潮の中で、急増してきました。しかし、能力のないものを安易に競争に参加させてしまったことに加え、その競争に負けた有料老人ホームに入居した高齢者、その家族の生活までを崩壊させてしまうということが、十分に議論されてこなかったのです。

事件を契機に、新聞や週刊誌等でも、「無届施設の問題」「指導・監査体制の不備」「進まない高齢者住宅施策」「医療と介護」等、現在の有料老人ホームや高齢者住宅の問題点が指摘されるようになっています。

たしかに、その一つ一つは大きな問題ですが、今、早急に検討しなければならないことは、優良な高齢者住宅を育成するためのシステムを構築すること、それと同時に、迎える高齢者住宅の大量倒産をどのように回避していくのかということです。

高齢者住宅の問題は、「現在発生している現象」という捉え方では不十分です。団塊の世代の高齢化によって、高齢者が増えるのはこれからですし、この高齢者住宅の抱える問題への対応は、まだ始まってもいません。そしてこの問題は対応が遅れれば遅れるほど、その歪みは拡大し、手が付けられなくなっていきます。

私たちの祖父母が暮らした時代の家族環境、社会環境、生活環境と、これからの高齢者が迎える環境とは、全く違います。今の高齢者の問題だけでなく、私たちは、年をとってからどのような生活をするのかという大きな命題の岐路に立っているのです。

お読みいただけると、この高齢者住宅の抱える問題は、現在の日本社会、日本経済が抱える問題と全く同じだということがご理解いただけると思います。この課題をクリアできるか否かが、21世紀の日本が安心して暮らせる社会になるための試金石であるとも言えるのです。

＊　本書は、有料老人ホームを中心に書いていきますが、この問題には、高齢者専用賃貸住宅（高専賃）等の関連制度も大きく関わっています。増加している有料老人ホーム、高専賃を合わせて「高齢者住宅」（又は「高齢者住宅事業」）と呼んでいます。

また、文中に「特定施設入居者生活介護」「介護付有料老人ホーム」「高齢者専用賃貸住宅」等の様々な制度名称がでてきますが、これらについては、巻末の「解説　介護保険制度の基礎知識」で簡単に説明していますので、ご参照ください。なおこの解説は拙著『家族のための有料老人ホームの基礎講座』（花伝社、二〇〇六年）の一部をもとにしています。

第1章　正念場を迎える高齢化問題

1　かつて介護の必要な高齢者は入院していた

高齢化率は、国の総人口に占める高齢者（65歳以上）人口の割合のことで、高齢化の程度を測る指標として世界中で使用されています。

一般に高齢化率が7％を超えた社会を「高齢化社会」、14％を超えた社会を「高齢社会」と言います。この高齢化社会の到来は、ほとんどの先進国が経験している現象で、スウェーデンやドイツ等では、1980年には、高齢化率は14％を超え、高齢社会となっています。

日本の高齢化で特筆すべきは、その進展のスピードです。

高齢化社会（7％）から高齢社会（14％）になるまでの期間（倍化期間）は、フランスでは115年、スウェーデンで85年、比較的短いドイツでも40年であるのに対し、日本ではたった24年、すなわち7％を超え、高齢化社会の仲間入りをした1970年から、24年後の1994年には14％を突破、2005年には20・1％と世界一の高齢社会になっています。来る2015年には26％、2030年には31・8％と他に類例のないスピードで、どの国も経験したことのない、未曾有の超高齢社会に入っていくのです。

しかし、日本の高齢者の生活は、家族（特に妻や嫁）への依存度が高く、急速な高齢化への危機感が欠如していたことに加え、バブル経済とその崩壊、中央集権的な行政システムの制度疲労、構造改革の遅れ等、様々な要因が重なり、超高齢社会に向けての介護対策、住宅対策、低所得者対策は、後手に廻り続けているというのが現実です。

現状の問題を明らかにする前に、有料老人ホーム等の高齢者住宅事業の歴史や急増の背景について簡単に整理しておきます（図1・1）。

日本の高齢者介護の最大の特徴は、長い間、限られた福祉施策や代替的に医療保険制度で賄われてきたことにあります。

日本の社会保障施策は、「国民皆年金・皆保険」と称されるように、保険料の支払いが必要な社会保険制度が基本で、それに加入することが出来ない人や障害者等、一部の人に対してのみ全額公費負担（税金）の社会福祉制度で対応するというシステムを採っています。

高齢化の進展・核家族化による家族介護機能の低下によって、介護が必要な高齢者、自宅で生活できない高齢者が増加しますが、「両親の介護は家族の仕事」という社会認識は強く残されたままです。そのため、ホームヘルパーの利用や特養ホーム等への入所は、「福祉の世話になる」「老人ホームに入るのはかわいそうな人」というスティグマ（恥の意識）で捉えられることになります。今でも、「福祉」と「介護」という違う概念の言葉が混同して使われているのはそのためです。

制度的にも、高齢者介護は「特別な人に限られた福祉施策」という枠から出ないため、積極的に「高齢者介護の充実」「高齢者の住宅整備」は行われず、あえて言えば、４人部屋、８人部屋で、行政措置によって入所が決定される特別養護老人（特養）ホームや養護老人ホーム等の福祉施設に限定されていました。

民間の事業である有料老人ホームは、昭和30年代に始まった歴史ある制度ですが、その多くは入居一時金だけで数千万以上という超高額商品で、元気な一部の富裕層が悠々自適な生活を満喫するためのものが中心でした。その他にも、当時の建設省（現在の国土交通省）のシルバーハウジングやシニア住宅、厚生労働省の生活支援ハウス等、様々な高齢者住宅に対する施策が行われましたが、加齢による「要介護」へのサポート体勢が確立されていないため、一般化するに至っていません。

その結果、行き場のない高齢者が、少ない枠の特別養護老人ホームに殺到するということになっていきます。

図1・1　老人福祉施設・高齢者住宅の相対的位置付け

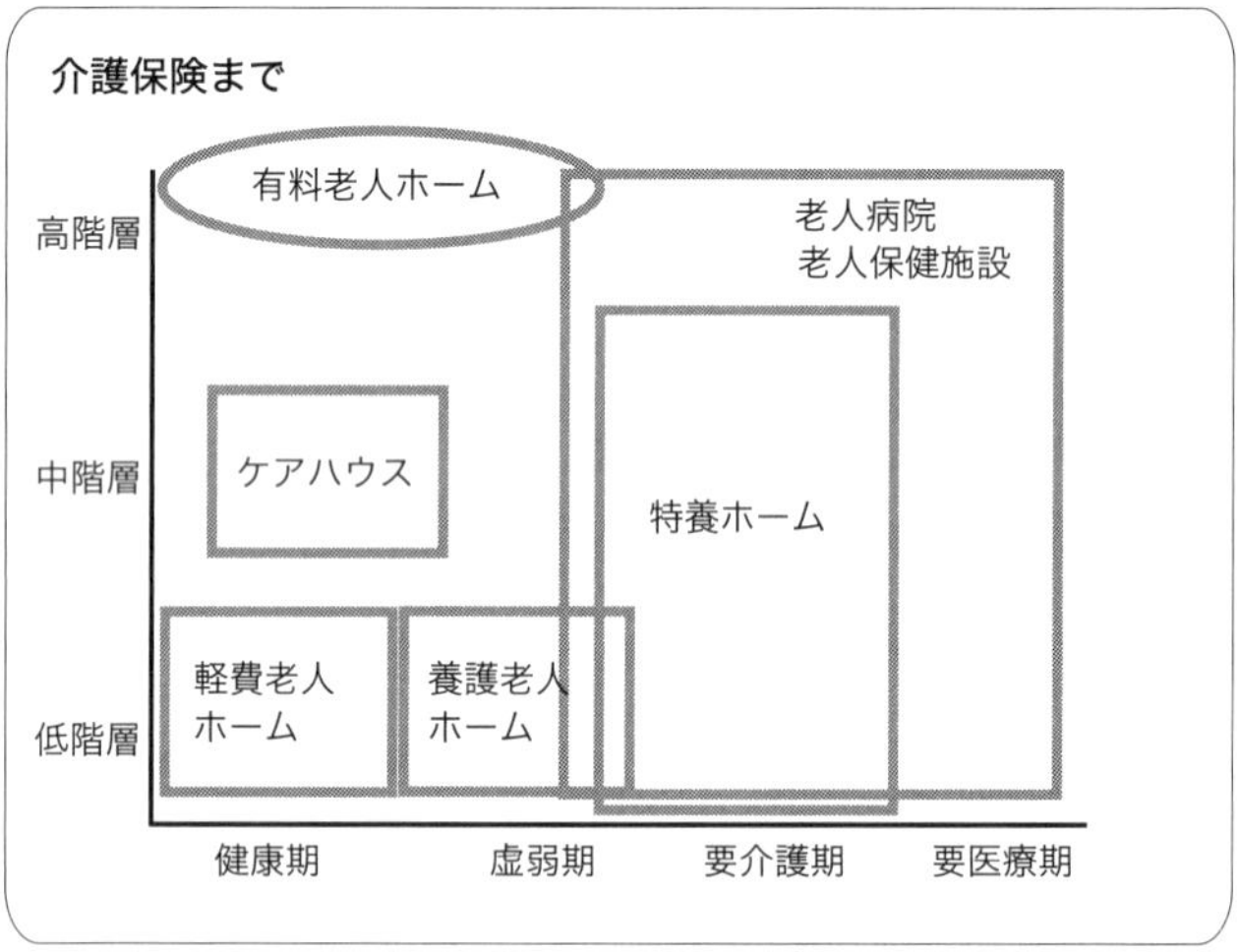

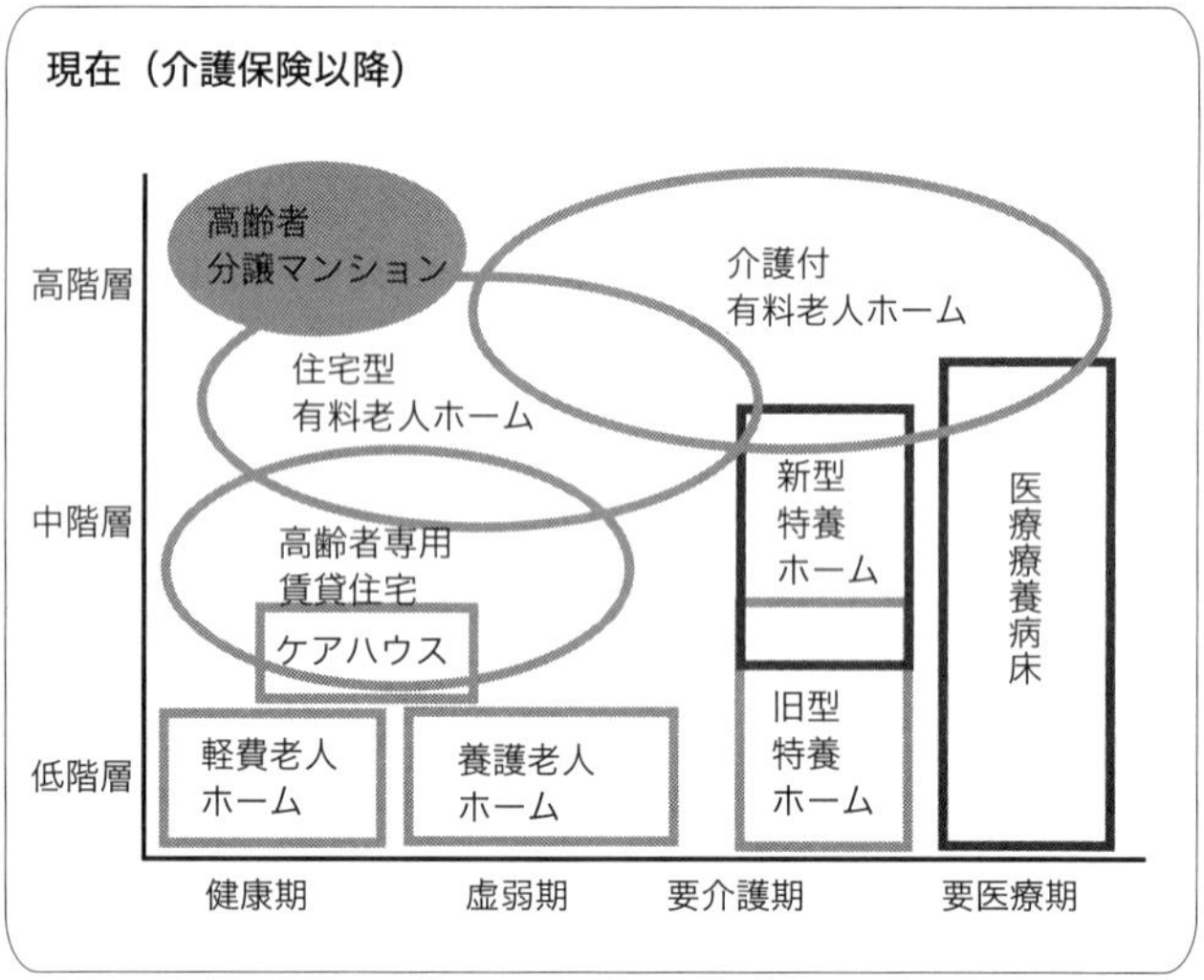

この時代、自宅で生活できない介護の必要な高齢者を支えていたのは医療です。急増する需要・ニーズに対応するには福祉施策では限界があることから、介護が必要となり自宅で生活できなくなれば、老人病院・老人保健施設へ入院するということが一般化していました。「社会的入院」とは、医療的な入院治療の必要がないにもかかわらず、介護者がいない、自宅で生活できない等の社会的事情で入院している状態のことで、そのほとんどは高齢者です。高齢者ばかり入院している老人病院が増え、一つの病院に長期入院ができなくなれば、「3ヵ月」「6ヵ月」といった単位で、病院間を転々とさせられる「たらい回し」と呼ばれる転院が行われていました。

このようなことができた背景には、老人医療費の問題もあります。

老人医療費の入院の一部負担は、１９８３年までは無料、その後も１９９６年までは入院一日当たり３００円〜７００円程度と低く抑えられてきました。つまり行き場のない介護が必要な高齢者が、安い費用で「病院で暮らす」と言った状態が長く続けられてきたのです。

しかし、高齢者本人の負担金は小さくても、病院には医師や看護師等、人件費の高い多くのスタッフが24時間体制で常駐しています。高額の医療費が必要となるため医療保険財政にとっては大きな負担です。また、一部の病院では、利益を上げるために、自力で食事が採れなくなれば「点滴」「気管切開」「胃ろう」と次々と必要のない医療行為が行われることになります。食事介助をすれば、まだ経口摂取ができるのに、ベッドの上でたくさんのチューブをつけた「スパゲティ症候群」にさせられ、その医療費が加算されるのです。

介護や住みやすい住居こそが必要な高齢者に、不要で高額な医療を提供されることは、本人にとっても大きな苦痛ですし、財政的にも大きな無駄であることは言うまでもありません。

その結果、国民健康保険・政府管掌保険等の公的な医療保険の財政は、破綻の直前まで悪化し、医療保険制度そのものの存続が危ぶまれるほどの事態となります。そのため、高齢者の増加によって医療保険財政が急速に悪化すると、この社会的入院が元凶だとされ、社会的入院・長期入院を消滅させる方策が採られるようになっていくのです。

2　行き場のない高齢者の爆発的な増加

超高齢社会を迎える日本の課題の一つは、高齢者、特に介護が必要な高齢者に対応できる住まいをどのように確保していくのかです。それは、高齢者の増加や独居高齢者等の人口動態の変化に加え、急速な制度変更による影響も小さくありません。

一つは、団塊の世代の高齢化です。

これからの日本における高齢化の最大の特徴は、戦後のベビーブーム期に生まれ、日本の経済成長を支えてきた「団塊の世代」（１９４７〜４９年（昭和22〜24年）に生まれた人びと）が高齢期に入るということです。国立社会保障・人口問題研究所によれば、65歳以上の高齢者人口は、「団塊の世代」が65歳に到達する２０１２年には３０００万人を超え、２０１８年には３５００万人に達すると見込まれています。その後も高齢者人口は増加を続け、２０４２年には３８６３万人でピークを迎えることになります。

特に、大きな問題は、75歳以上の後期高齢者の増加です。

「高齢者」の定義は、一般的には65歳以上ですが、日本では「実際には70歳くらいから」というイメージで捉えられることが多いようです。実際に「高齢者介護」「高齢者住宅」の問題を考えるに当たって重要となるのは、要介護発生率が急速に高くなる75歳以上の後期高齢者です。２００３年（平成15年）の『厚生労働白書』によれば、65歳〜74歳までの要介護発生率は、３・９％であるのに対し、75歳以上では、24・２％と加齢によって急激に高くなることがわかっています。

後期高齢者人口は、２００５年と比較すると、２０１５年には42％増の１６４５万人に、２０２５年までに31・７％増の２１６６万人と一気に増加します。しかし、その後は２０３５年には２２３５万人、２０４５年には２２４７万人と、あまり変動しません。急激に要介護高齢者が増加するのは２０２５年までであり、まずは、その急な上り坂に対応した高齢者介護システムの構築が重要になるのです（表１・１）。

二つ目の特徴は高齢者世帯の増加です。戦後の家族システムの大きな変化も、高齢者の介護問題・住宅問題に大きく影響しています。戦前の日本では三世代からなる大家族が多く、高齢

表１・１　高齢者将来人口推計　（万人）

	総人口	高齢者			高齢者計
		65〜69歳	70〜74歳	75歳以上	
2005年	12777	743	664	1164	2571
2010年	12718	822	697	1422	2941
2015年	12543	961	772	1645	3378
2025年	11927	704	765	2167	3636
2035年	11068	792	698	2235	3725
2045年	10044	751	843	2247	3841
2055年	8993	615	645	2387	3647

国立社会保障・人口問題研究所

表１・２　高齢者（75歳以上）の家族類別世帯数将来推計　（万世帯）

	総数	単独	核家族世帯		その他
			総数	うち夫婦のみ	
2005年	554	197	266	171	91
2010年	704	250	352	224	102
2015年	827	296	422	265	109
2020年	943	342	484	302	118
2025年	1085	402	547	341	135
2030年	1110	429	542	337	139

国立社会保障・人口問題研究所、2008年3月

者の介護は、子育て同様に家族内で行われていました。しかし、これから急増する高齢者の中心となる「団塊の世代」は仕事を求めて故郷を離れ都市部に流入、そこで結婚し、核家族を形成しています。子供は就職や結婚で家を離れるため、子育てが終わると高齢者夫婦のみの世帯となり、配偶者が亡くなると独居高齢世帯となります。一方の地方では、団塊の世代が都市へ出て行ったため、都市部より一足先に高齢者世帯が増えています。

高齢者夫婦（少なくとも一方が七五歳以上）のみの世帯は、２０２５年には３４０万世帯に、

独居高齢者は、2005年の二倍以上の400万人を超えることになります。高齢者の暮らす世帯のうち、3分の2以上が、高齢者一人だけ、または、高齢者夫婦のみとなります（表1・2）。

もう一つの理由は、社会的入院・長期入院の削減によって、行き場のない高齢者が増加するという制度的な問題です。

これまでは、特別養護老人ホーム等の福祉施設の不足を病院への入院で賄っていたという構図ですが、述べたように、医療保険の財政が逼迫し、一部の例外を除き、長期入院は認められなくなっています。長期入院が認められていた介護保険適用の介護療養病床（13万床）は2011年までに廃止されることが決まっていますし、一般病院でも集中的な医療・看護によって平均在院日数を短くすることが求められており、病床数は現在の90万床から、将来的には70万床程度になると予想されています。その減少する部分のベッド数（20万～30万床）に匹敵する数の高齢者が、行き場を失うことになるのです。

つまり「要介護高齢者の増加」「核家族化による高齢者世帯の増加」によって、自宅で生活できない要介護高齢者の絶対数は確実に増えていきますが、逆に、これまで代替的に行き場のない高齢者を受け入れていた社会的入院・長期入院は規制強化によって、削減されているのです。

日本の高齢化の問題は、まだ始まったばかりで、団塊の世代の高齢化によって、後期高齢者・要介護高齢者が急増するのはこれからです。厚労省も特養ホームを増やすための緊急対策を行う予定ですが、「財政悪化による福祉施設の限界」から、需要を満たすだけの増加はできません。

現在でも、特養ホームの待機者全国で40万人に上るとされていますが、更に狭き門となり、50万人、100万人と急増することになるのです。

3　なぜ自宅で住み続けられないか

少し古い資料になりますが、2003年に内閣府が行った「高齢者介護に関する世論調査」によると、将来、自分自身が老後に寝たきりや認知症になって介護が必要となった場合、どこで介護を受けたいかという問いに対して、44・7％の人は、「可能な限り自宅で介護を受けたい」と答えています。一方、「特別養護老人ホーム等の介護施設に入所したい」という意見も33・3％に上っています。

「自宅で介護を受けたいと考える人」は女性よりも男性の割合が高く、年齢は低くなるに従って、「特別養護老人ホーム等に入所したい」という割合が高くなっています。介護保険制度の発足によって、老人ホームへの入所や介護に対するイメージが大きく変わってきたと言えるでしょう。ただ、施設に入所したいという理由を聞くと、「家族に迷惑をかけたくない」が77％に上っており、積極的に施設に入所を希望しているという訳ではないということがわかります。介護が必要になっても安心・快適に生活できるならば、住みなれた自宅で死ぬまで生活したいというのが本音でしょう。

しかし、現状を見る限り、要介護度が重くなり、身の回りのことが自分でできなくなってくれば、自宅で生活し続けるということが難しくなるということも事実です。

一つは、住み慣れたはずの自宅が必ずしも安全ではないということです。

厚生労働省の人口動態統計によると、２００６年の交通事故死亡数は９０４８人であるのに対し、家庭内の事故死数は、１万２１５２人となっています。その78％は65歳以上の高齢者で、特に、80歳以上の高齢者が40％を超えています。高齢者の交通事故死の増加が、社会問題となっていますが、それ以上に、安全であるはずの自宅内で転倒や入浴中の溺死等で亡くなる高齢者が多いのです（表１・３）。

日本家屋の建築工法は、雨が多く、湿度の高い気候・風土の中で培われてきたため、段差が多く、立ち座りが大変な床座等、高齢者の生活に適した生活環境ではありません。テレビドラマでは、お年寄りは畳が敷かれている和室で生活していることから、「高齢者は和室！」と思われる方も多いのですが、和室はひざや腰に大きな負担が掛かり、ふとんの上げ下ろしも大変です。小さな段差でもつまずきますから、身体機能の低下した高齢者には、出入口の敷居や畳の縁も危険です。

また、入浴中に心筋梗塞・脳血管障害等が発症することが報告されていますが、その多くは冬場に発生しています。高齢者は血管が硬くなっていることに加え、日本家屋は、高温多湿の

表1・3　家庭内事故死者数（2006年）

	転倒・転落	溺死・溺水	誤嚥・窒息	火災等	総数	%
0歳	3	9	97	2	116	1
1～9歳	20	31	35	38	133	1
10～29歳	65	34	51	60	280	2
30～44歳	84	44	86	103	480	4
45～64歳	382	290	425	322	1720	14
65～79歳	830	1619	1213	427	4430	37
80歳以上	875	1605	1861	366	4991	41
総数	2260	3632	3768	1319	12152	100

「平成18年家庭内事故死者数」（厚生労働省『人口動態年報』）

夏向きに作られていますから、隙間が多く、住居内でも寒暖の差が激しいことがその原因の一つとして上げられています。

更に、尺貫法が基準で、廊下や部屋の開口部は狭く、一つ一つの部屋も小さいため、大規模なリフォームをしない限り、自宅内で車椅子を使用することができません。そのため、骨折や脳梗塞等で麻痺が残れば、ベッドの上で寝ている時間が長くなり、動かないために筋力が更に低下し、寝たきりになってしまいます。高齢者が寝たきりとなる最大の原因は、筋力を使わなくなることによる廃用症候群です。

日本家屋の高齢者に不具合な特徴

① 木構造を基本としており、出入口に段差が多い。
② 尺貫法が基準の作りで、廊下・階段・部屋の開口部が狭い。
③ 敷地が小さいため、家が小さく、部屋も小さい。
④ たたみ・床座が多い。
⑤ 住居内でも寒暖の差が激しい。

最近のマンション等は、バリアフリーや段差解消が基本であり、一戸建てでも、工夫されたものが多くなっています。しかし、２００５年に内閣府が行った「高齢者の住宅と生活環境に関する意識調査」によれば、本当にバリアフリーが必要な75歳以上の高齢者の74％、つまり４人に３人は、築20年以上の昔に建設された住宅に住んでいると報告されています。

その他、高齢者の失火による火災は増えており、判断力の低下、認知機能の低下等と関連して、悪徳訪問販売、振り込め詐欺等の被害者の多くは高齢者があることが知られています。住みなれた自宅も介護が必要になれば、安心して生活できる場所ではなくなっていくのです。

もう一つの問題は家族介護機能の低下です。

核家族化の進展によって、高齢者世帯が増えていますが、この問題には要介護期間が長くなり、同居していても家族だけでは介護が難しくなっているという点も考えなければなりません。１９５０年～60年代までは、和式トイレで排泄ができなくなり、食事が食べられなくなると、高齢者は１～２週間程度で亡くなるというのが一般的でした。大家族で、そこには専業主婦がいましたから、家族内の介護能力は高く、しかも短期間で最期を看取ることができました。

しかし、医療の進歩によって、食事が食べられなくなっても「胃ろう」や「ＩＶＨ」等によって高いカロリーを補給できるようになりました。２００１年の『厚生労働白書』によれば、高齢者の要介護期間は３年以上が58％、10年以上が20％、寝たきりとなる期間も、３人に１人は

5年以上となっています。また、核家族化によって世帯あたりの人数は少なくなり、景気の悪化によって夫婦共働きの世帯が増えています。高齢者世帯だけでなく、子供と同居していても、もはや一つの家族だけで、介護が必要な高齢者を支えることは、難しくなっているのです。

地域社会の弱体化にも拍車がかかっています。

特に、今後は、埼玉、千葉等の東京周辺や、大阪・愛知等の三大都市圏で独居高齢世帯が急増することになります。これは、農村部や山間部等での高齢世帯の増加とは少し意味合いが違います。先祖代々、生活している人が多い地域では、近隣の結びつきや付き合いの密度が高いため、「高齢者世帯が孤立することはありませんでした。しかし、「個人情報保護」「プライバシー」等が叫ばれるようになるにしたがって、その関係は希薄になっています。特に、都市部の場合は、人口の移動によって職住が分離する中で、初めから地域社会での結びつきは強くなく、人口が密集していても、それぞれの高齢者世帯は、地域社会の中で孤立していくことになります。高齢者の生活環境は、祖父母の時代と大きく変わってしまっているのです。

2009年3月に、鹿児島県で、寝たきりの妻の介護をしていた夫が急死、介護を受けられなくなった妻が衰弱死するという痛ましい事故が発生しています。心筋梗塞や骨折で動けなくなり、亡くなってから、数週間、数ヵ月誰にも気づかれないといった事例も数多く報告されています。また、親の介護をしていて介護疲れを苦に自殺する子供、認知症の妻を手にかける夫、無理心中等、悲しい事件が頻発しているのはご存知の通りです。

しかし、高齢者が高齢者を介護するという「老老介護」、認知症の高齢者が認知症の高齢者を介護するという「認認介護」の問題、そして高齢者の孤独死等の悲劇が本格化するのは、これからなのです。

4　介護保険制度の登場と有料老人ホーム

今後、「要介護高齢者の増加」「高齢者世帯・独居高齢者世帯の増加」「家族介護機能の低下」等の様々な要因が重なり、自宅で安心して暮らせない、行き場のない高齢者が急増することはまちがいありません。

政府の試算によれば、特別養護老人ホーム等の施設や有料老人ホーム、高専賃等の高齢者住宅で暮らす入居者は、２００７年の84万人から２０２５年には１４６万～１６９万人の約二倍になると予想されています。需要を満たすだけの特別養護老人ホーム等の開設は、財政的に難しいことから、高齢者が安心して暮らせる高齢者住宅の整備は、超高齢社会を迎えるこれからの日本において、社会インフラの一つとして不可欠なものとなっています。

それまで福祉施策や医療制度に依存し、遅れていた「高齢者介護サービス」「高齢者住宅」の大きな転機となったのが、２０００年にはじまった介護保険制度です。

全額公費で行う社会福祉施策では、財政的に限界があること、また高齢期の介護問題は一定年齢以上の国民にとって必要なものであることから、高齢者介護を拠出制・一割自己負担の社会保険制度に移行し、高齢者から広く保険料を徴収することによって、財政・制度を安定させようとするものです。

また、この制度によって、自治体や社会福祉法人に限定されていた介護サービス事業が民間企業等の一般の営利法人にも参入が認められることになりました。行政が行う一律の福祉施策ではなく、「高齢者介護」の規制緩和・民間開放によって、民間企業の創意工夫を促し、競争原理を働かせることによってサービス力を高めていこうというのがその趣旨です。結果、その需要増加を大きなビジネスチャンスと捉えた民間企業が、介護サービス事業・高齢者住宅事業へ大挙参入することになります。

厚労省の管轄する有料老人ホームは、介護保険制度が始まる2000年には350施設だったものが、2007年には2671施設と7・6倍に、入居者数も2万6616人から11万4573人と4・3倍に急増しています（図1・2）。

同時に、その商品内容も大きく変化させることになりました。

一つは、対象が自立高齢者から要介護高齢者へというサービス内容の変化です。述べたように、介護保険制度までは、元気な高齢者が悠々自適な生活を満喫するというタイプのものが大半で、豪華な設備や茶室・ビリアード等のレクリエーションルーム等が整備されたものが中心でした。これに対し、介護保険制度後は、要介護高齢者を対象として介護サービスの提供を目

図1・2　有料老人ホームの増加

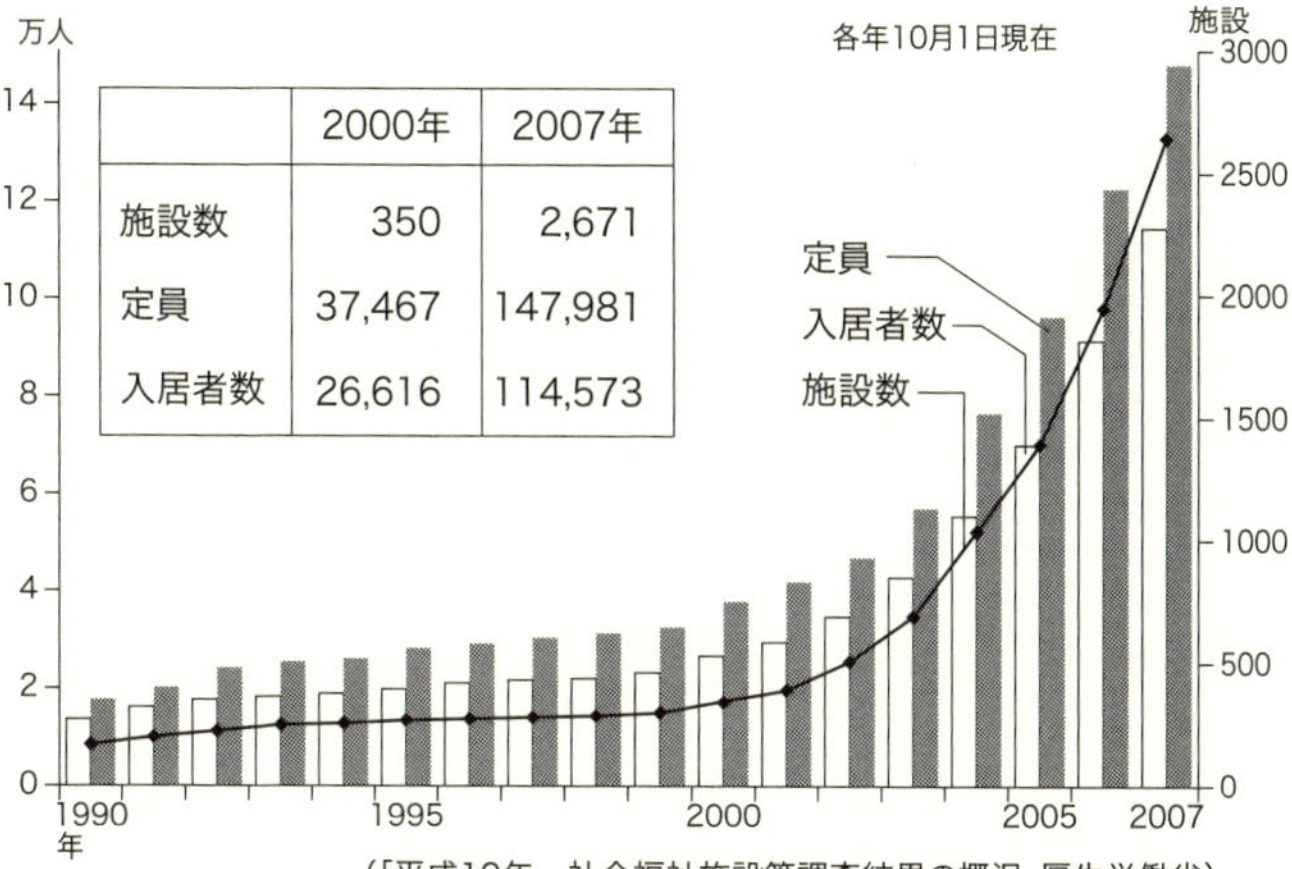

	2000年	2007年
施設数	350	2,671
定員	37,467	147,981
入居者数	26,616	114,573

（「平成19年　社会福祉施設等調査結果の概況」厚生労働省）

的としたものが増えています。現在、有料老人ホームが直接介護サービスを提供する「介護付有料老人ホーム」は、２００８年３月現在２１８４ヵ所、定員13万９８４５名分となっており、定員数では有料老人ホーム全体の80％を超えています。

もう一つは、低価格化です。

それまでは、居室や共用部の利用料にかかる入居一時金に加え、介護が必要になった時の介護一時金を合わせて数千万円以上という一部の富裕層を対象とするものが多かったのですが、介護保険制度後は、入居一時金が３００万円〜５００万円程度、月額費用も20万円未満の中間層を対象とした価格設定の老人ホームが増えています。それは、１ＤＫ、１ＬＤＫといった広めの居室から、要介護高齢者を対象としたワンルームタイプが中心となっていること、介護保険制度によって保険収入が得られることから介護一時金が不要になっている等、様々な理由があげられます。

有料老人ホームは、一部の富裕層が悠々自適な生活を満喫するためのものではなく、中間層の要介護高齢者が介護サービスを受けるための施設に大きく転換しているのです。

有料老人ホームと同様に、最近急速に増えているのが、国交省の管轄する高齢者専用賃貸住宅（高専賃）です。これは、住宅を探す高齢者を支援するために2001年にスタートしたものです。各都道府県には、高齢者の入居者を拒まない「高齢者円滑入居賃貸住宅」、高齢者のみを対象とする「高齢者専用賃貸住宅」等が登録されています。高齢者住宅財団のHPを見ると、高齢者専用賃貸住宅（高齢者向け優良賃貸住宅を含む）は、2009年3月現在で、全国で1212件、3万3443戸が登録されており、この高専賃も右肩上がりで増えていることがわかります。

有料老人ホーム・高専賃等の民間の高齢者住宅事業は、この10年の間に、驚くべき勢いで増加しているのです。

5　高齢者住宅の急増をもたらした社会背景

もう一つ、現在の高齢者住宅の現状を整理するにあたって理解しておかなければならないことは、その急増を支えた特殊な社会背景です。

昭和の終わりから発生した、未曾有の不動産バブルが平成3年（1991年）に崩壊。日本経済は、大きな傷跡とともに、その後始末に10年、15年という長い期間を要することになります。北海道拓殖銀行、山一証券等の大手金融機関が相次いで倒産、銀行による貸し渋り、貸し剥がし、リストラという言葉が相次いで聞かれ、社会全体に先の見えない閉塞感が蔓延します。

介護保険制度は2000年、後年「失われた10年」と呼ばれた、特殊な社会環境の中での発足でした。税収は落ち込み、高齢化が急速に進展していく中で、介護が必要な高齢者を全額公費（税金）でサポートするという福祉施策では限界があります。この介護保険法によって、全額税負担から社会保険制度に財源を移行し、市町村や社会福祉法人に限定されていた高齢者介護サービス事業は営利目的の事業として、民間企業に開放されました。

この高齢者介護の「規制緩和」によって、超高齢社会に向けての成長産業として、高齢者介護サービス事業・高齢者住宅事業に対する期待は一気に高まります。一つの企業の倒産が、新たな倒産を招くという連鎖倒産が社会問題化しており、国が担保する社会保障施策で貸し倒れがないという安心感も経営者にとっては大きな魅力でした。特に、公共事業の減少、少子化による住宅着工件数の先細りによって、構造的な不景気に見舞われた建設業界・不動産業界にとっては、需要が大きく拡大する高齢者住宅事業は大きなビジネスチャンスだったとも言えます。

同時に、高齢者介護に対する社会的な認識も大きく変わります。これまで高齢者介護と老人福祉は、ほぼ同意と捉えられており、「福祉のお世話になる」「社会的弱者・かわいそうな人」というイメージが強く残っていましたが、この介護保険制度によって、保険料を支払う拠出制に変更されたことから、高齢者の介護サービスは、権利として定着していきます。

このバブル崩壊後の長期不況、高齢者介護に対する意識変化という特殊な社会環境が、有料老人ホームの商品設計・事業計画にも大きな影響を与えることになります。

その一つは、ホームヘルパー・介護福祉士などの介護労働者の増加です。

失業率が高く、買い手一色の労働市場の中で、これからの成長産業である高齢者介護事業に従事したいという人が急増します。「これからは介護の時代」「福祉の時代」という将来の安定、「人にやさしい仕事・感謝される仕事」というイメージもその人気に拍車をかけます。全国各地に社会福祉系の大学、介護福祉士養成の専門学校が数多く開設され、高齢者介護を担うホームヘルパーの養成所は、受講まで数ヵ月待ちという大盛況となりました。

そしてもう一つ、この時代の特徴は低価格化です。

景気浮揚の有効な手だてを示せずに、後年「失われた10年、15年」と言われた時代、不景気が長期に続く中で、２００1年に流行した言葉は「デフレスパイラル」です。ハンバーガーや牛丼、ユニクロといったカジュアルウエアなど、モノやサービスの値段が継続的に下がり、これらの一部の企業に注目が集まったことから、「安くしないと売れない」「価格を抑えた商品設計が重要」という風潮が広がります。

この流れの中で有料老人ホームは、超高額商品というイメージから脱却するために、一気に価格が下がります。述べたように、それまでは入居一時金が数千万円以上、月額費用も月額30万円以上という一部の富裕層のみを対象とした高額なものが中心でしたが、介護保険制度の発足以降は、入居一時金は500万円未満、月額費用も20万円程度というホームが増えています。中には一時金がゼロ、月額費用も16～18万円程度という、個室の新型特別養護老人ホームとさほど変わらないものもあります。

もちろん、価格が相対的に下がった理由は、対象者がそれまでの元気な高齢者から要介護高齢者に変わったことによって、建物の広さや設備・サービス内容が変化したこと、介護保険からの収入が見込めることなど、様々な要因があり、同じサービスのものが安くなったわけではありません。しかし、それらを差し引いても、事業計画の段階で、価格を抑えるインセンティブが大きく働いたということはまちがいありません。

現在、運営されている有料老人ホームの多くは、「高齢社会で高齢者住宅の需要が高まる」という過剰な期待と、「介護労働者の増加による買い手市場」「デフレによる低価格化」といった特殊な環境の中で計画され、急増してきたのです。

第2章　安易な事業計画、変化する経営環境

1　誰でも参入できる介護サービス事業

高齢者介護サービス事業は、公的な介護保険制度を活用するという公益性の高い事業であり、かつ社会的な責任が大きい事業です。また、利用者や家族の生活に密着するサービスであり、不安定な経営や質の低下は、生活そのものに大きな影響を与えます。

特に、有料老人ホーム等の高齢者住宅は、高齢者の生活の根幹となる事業です。事業の失敗は、「利用者に不便をかける」「不安を与える」といったレベルのものではなく、入居者やその家族の生活を、根本から崩壊させることになります。新規参入にあたっては、高齢者住宅の重要性や社会性を認識し、長期安定経営を基礎として、事業リスクや経営リスク等、詳細に検討しなければなりません。

しかし、現状を見ると、「高齢者は増加する」「需要は高い」という過剰な期待によって、「高齢者住宅事業は儲かりそうだ」と安易に事業計画が進められてきたものも少なくありません。

現在、多くのトラブルが発生していますが、その原因の一つは、事業ノウハウの乏しい事業者の参入です。

介護保険制度以前は、介護サービス事業は、福祉施策に限定されていましたから、社会福祉法人や社会福祉協議会等の公益法人や、市町村によって直接運営されていました。参入基準が非常に高かったということが言えるでしょう。

介護保険制度によって、民間企業にも門戸が開放されることが決まったとき、事業の公益性や重要性から、当初は新規参入を考えている民間企業にも、資本金や事業の安定性等、一定の基準が定められるのではないかと考えていました。しかし、結果的に介護サービス事業者の指定に関して、それらの基準が設けられることはなく、法人格を有していれば、誰でも訪問介護、通所介護、介護付有料老人ホーム等の介護サービス事業を始めることが可能となりました。

これにはもう一つの背景があります。

介護保険制度と前後して、この時代を象徴する特徴の一つは、ベンチャー企業ブームです。介護サービス事業者の急増は、「勝ち組・負け組」「ヒルズ族」等、マスコミにもてはやされたベンチャー企業の台頭と軌を一にしています。

長く続く景気低迷の中で、景気刺激策の一環として、２００３年に施行されたのは中小企業挑戦支援法です。会社法の最低資本金が撤廃され、１円の資本金で株式会社が設立できるようになりました。

それまでは、株式会社の設立には１０００万円の資本金、有限会社の場合でも３００万円が必要でした。お金に余裕のある一部の富裕層を除くと、株式会社の設立は資金的に簡単なものではありません。だからこそ、個人事業者よりも信頼されていた、また慎重に起業したと言う面もあるのですが、資本的な裏づけのないままで簡単に会社が設立でき、誰でも介護サービス事業に参入できることになったのです。

一円株式会社は、法人格の設定によって経営者個人の責任を曖昧にしただけで、実態は個人経営と何ら変わりません。これも、バブル崩壊後の長期景気悪化の中での、特殊な環境の一つだと言えるでしょう。

しかし、詳細は後述しますが、介護サービス事業は、他の事業と比較しても類例のない非常に難しい事業です。バリアフリーの建物に、介護保険制度によるサービスを付けるだけで、経営が出来るわけではありません。開設することは簡単でも、安定的に運営することは難しいのです。

この「中小企業挑戦支援法」によって起業し、成功している会社もありますから、「ベンチャー企業は全てダメだ」と言っているのではありませんが、一つのブーム、一つの風潮であったことはまちがいありません。これには介護サービス事業に、ネットビジネスと同じように、21世紀の成長産業として大きな光が当たったことも影響しています。「ベンチャー企業の雄」と呼ばれたコムスンが、その影でどのようなことをしていたか、またどのような経過を辿っているのかはご存知の通りです。

こうした背景のもとで、これまで介護や高齢者に全く関わりや知識のない、「お金儲けがしたい」「一山当てたい」「これからは介護の時代だ」という、短絡的で事業ノウハウの乏しい民間事業者が大挙、高齢者住宅に参入するということになったのです。

2 安易な事業計画の横行

もう一つの問題は、安易な事業計画の横行です。

私は、現在、「経営力」「サービス力」「コンプライアンス」等の視点から、経営改善や事業再建に向けたプログラムの策定を検討していますが、経営が悪化した有料老人ホームの経営者と話をすると、「事業ノウハウが乏しい」というレベルでなく、自分で事業計画を立てていない、事業内容すら十分に理解していない人が存在するということに驚きます。

特に、不動産経営の側面から策定されたものは、実際の事業内容の検討ではなく、「はじめに開設ありき」「建設ありき」が中心となっています。大都市部周辺では遊休不動産の有効利用方法としてグループホームや有料老人ホーム事業が提案され、介護付有料老人ホーム開設のための特定施設入居者生活介護の指定枠の争奪戦となっていたと聞きます。学生マンションやワンルームマンションと同じようなイメージで計画されているものも多いのです。

これには、開設に協力してくれる設計事務所や建設業者等の事業者からの影響もあります。事業シミュレーションや事業リスク検討など、事業参入の可否を検討するだけでも、一級建築士や設備業者などの協力は必要になります。どの程度の建物が建てられるか、建設費用はどの程度か、どのような設備や備品が必要となるのか等の概要を検討しなければならず、ある程度計画が進めば、建設業者や給食業者等との関係も発生してきます。高齢者住宅は、生活をサポートするための複合サービスであり、関係する業者数は、事業検討が進むにつれて多くなっていきます。

実際、大手・中小に限らず多くの建設業者は、「医療・介護」「高齢者住宅」へのプロジェクトチームを立ち上げていますし、介護関連・高齢者関連の機器や設備業者は、介護保険制度によって急増しています。建設・設備の立場から、独自のノウハウを構築している建設業者も多いのですが、彼らの仕事は、相談に乗ることではなく、「建物を建ててもらう」「設備を買ってもらう」ことで売り上げや収入になるのですから、積極的に事業推進を図ることになります。

経営が悪化している介護付有料老人ホームの開設時の事業計画書・収支計画書を見ると、入居率が初年度から90％、95％等と、非常に高い数値で計算されていたり、入居者が数年の内に都合よく入れ替わることになっていたりと、事業者に都合の良い、楽観的な数値が並んでいます。例えば、50名定員の有料老人ホームで、入居一時金が100万円違えば、キャッシュフローは5千万円の差になり、入居率が80%か90%かによって、年間の経常収支の差は数千万円となります。

要介護高齢者を対象とした有料老人ホーム事業は、介護保険制度以降のものですから、業界としても事業ノウハウや実績値に乏しく、銀行や行政も経営内容まで踏み込んで、チェックできていません。景気悪化による貸付先不足・施設不足も、新しい高齢者住宅開設への期待に拍車をかけます。特に、高い利回りのみを求めて事業に参入している場合、強引・無謀な収支計画が立てられているものも少なくありません。収支シミュレーションを策定する人が、「開設したい（または開設してほしい）」と思っている場合、法律や制度的な問題が存在しない限り、必ず「利益率は高い」「事業推進すべし」という結果がでるのです。

一方で、このような事業計画では、「重度要介護高齢者が多くなっても対応できるか」「転倒や事故の可能性はないか」「その人件費で安定的にスタッフは集まるのか」といった、実際の業務に基づくサービス検討は、ほとんど行われていません。新規参入の場合は、参入メリットではなく、トラブルや事業リスク等の検討がより重要になるのですが、これらは後ろ向きの議論だとして、行われていないのです。

これは、現在、急増している高齢者専用賃貸住宅（高専賃）でも同じことが言えます。最近、有料老人ホームに変わって、高専賃が大きな注目を浴びていますが、その理由は、「行政関与が少なく開設しやすいから」にすぎません。実際には、借地借家法の適用を受ける高専賃の方が、トラブル対応や運営は難しいのですが、その入居者の居住権や事業リスクの違いすら検討されていません。

これは、各協力業者の責任ではなく、事業計画手法に問題があります。事業参入において、「良くわからないから」と外部の協力業者に事業計画を丸投げしてしまうために、このような「開設ありき」「建設目的」の計画となってしまうのです。

3　厳しさを増す経営環境

事業への参入業者は「需要は必ず増加する」という期待があり、「開設すれば何とかなる」「早くマーケットを抑えたい」という意識も強く働いています。しかし、高齢者住宅の事業特性を考えると、開設することはできても、運営はそう簡単ではありません。事業に大きく影響する労働市場・ターゲットニーズ・関連制度等の経営環境は、激しい勢いで変化しているからです。

①介護労働市場の変化

一つは、介護労働市場の変化です。

先に述べた介護付有料老人ホーム急増の背景にある「介護労働者の増加」と「低価格化」の二つの要因は関連しています。

介護サービス事業は、純粋な労働集約的事業です。機械を使って、介護サービス量を増やすことはできませんし、トップセールスマンが一人で車10台売るように、ベテランの介護スタッフが一人で10台の車椅子を押すことはできません。排泄介助・食事介助も一人の介護スタッフが、一定の時間内にできるサービス量は決まっています。また、仕事の性格上、スピードが早く、一度に多くの介護ができるということが、その優秀さを計る指標でもありません。

高齢者を介護するためには、一定以上の介護スタッフ数が必要となりますし、重度要介護高齢者が多くなり、手厚い介護サービスを提供するためには、より多くのスタッフが必要となります。そのため、介護付有料老人ホームの経営収支に占める人件費比率は高くなります。

介護サービス事業では、良質な介護サービスが商品であり、優秀なスタッフを確保するためには、給与や待遇も高く設定しなければなりません。逆に、価格を抑えるためには、固定費でもあるスタッフの人件費を抑えなければなりません。

そして、その人件費の算定は、計画時の労働市場に大きく左右されることになります。

２００1年～０3年頃に計画された介護付有料老人ホームの事業計画を見ると、その多くは介護スタッフの一人当たりの人件費単価は低く、半数をパート等の非常勤職員とするなど、人件費の総額が低く設定されているものが目につきます。つまり、デフレ環境に影響された低価格の介護付有料老人ホームは、「介護スタッフは募集すればいくらでも集まる」という超買い手の介護労働市場の後押しでのみ、可能だったのです。

しかし、景気の回復によって仕事の選択の幅が増えたこと、介護サービスは身体的にも精神的にも厳しい仕事であることから、介護の仕事を離れる人は増えています。この数年の間に介護労働市場は大きく変化し、非常勤の介護スタッフどころか、常勤の介護スタッフを探すことさえ難しく、介護スタッフは慢性的に不足しているというのが現実です。

厚生労働省の調べによると、介護福祉士の国家資格を持つ人の約４割が介護の仕事をしていないということがわかっています。また、全国の介護福祉士養成の大学・専門学校の入学者の定員割れが深刻化しており、全国の養成校は４３４校、定員数は2万５４０７人に対し、入学者数は1万１６３８名に留まっています。介護労働不足が叫ばれ始めた２００６年度は71・８％、07年度は64・０％、そして08年には45・８％と、希望者は激減しているのです。

折込求人広告には、介護スタッフ募集が多く見られますが、面接どころか電話すらもほとんどないという話をよく聞きます。買い手市場で始まった介護サービス事業は、この10年の間に圧倒的・慢性的な売り手市場となってしまったのです。

金融危機による世界的な景気後退で、再び、失業率は高くなっていることから、人材不足に陥っている介護業界では、これを一つのチャンスと捉える向きもあるようです。しかし、「介護」という仕事は、専門的なサービスですから、「仕事がないから介護でもやろうか」という程度では勤まりませんし、ターゲットは要介護高齢者ですから、教育や研修が不十分ではトラブルや事故の原因となります。加えて、必要な介護スタッフ数が急増する反面、中長期的に見れば、少子化が進んでいきますから、将来的に、絶対的に介護スタッフが足りなくなる、優秀なスタッフ確保が難しくなるということはまちがいありません。

②高齢者のニーズの変化・多様化

二点目は、高齢者のニーズの変化・多様化です。

高齢者の最大の特徴は、加齢によって、身体機能が低下し、要介護状態が重くなっていくことにあります。一人で伝え歩きができていた高齢者も、車椅子が必要となり、移動に介助か必要となります。一人で排泄できていた人も、立ち座りやズボンの上げ下ろしに介助が必要となり、排泄機能の低下等によってオムツ介助が必要となります。これは、介護サービス内容・介護サービス量が入居者の構成によって大きく変化する、同じ入居者でも加齢によってより多くの介護が必要になるということです。

「介護が必要になっても安心」とセールスしているのであれば、この要介護度の変化に対応しなければなりません。それは、入居者個別の変化だけでなく、全体のサービス量・サービス内容の変化にも対応しなければならないということです。開設時は、要介護1の高齢者が多くても、将来的には要介護2・3・4と要介護度は重くなっていくため、老人ホーム全体で必要な介護サービス量が増えていくのです。

また、有料老人ホーム等の民間の高齢者住宅に入居している高齢者・家族は、特養ホームなどより高い費用を支払っている以上、より高い質のサービスを求めていますから、求められるニーズは多様化しています。老人ホーム事業は、変化するサービス量、多様化するニーズに対応しなければならない事業なのです。

③制度や介護報酬の変化

もう一つは、制度や介護報酬の変化です。

介護サービス事業の特殊性の一つは、制度や介護報酬など、経営者の手の届かない外部の経営環境の変化に大きく影響されるということにあります。

２０００年の介護保険制度で、新しく制度化された介護療養病床ですが、２０１１年にはすべて廃止され、老人保健施設等への転換が求められています。２００６年の介護報酬改定では、軽度要介護高齢者の訪問介護利用が大幅に削減され、中小の訪問介護事業者の経営が悪化し、大手事業者との統合が進みました。

詳細は後述しますが、現在の有料老人ホーム・高専賃等にも、制度間の歪みや介護報酬体系に問題が多く、将来大きく改定される可能性が高いと考えています。報酬のマイナス改定や、介護報酬の本人二割負担等が行われれば、経営に大きな影響がありますが、収支が悪化しても、行政が責任をとってくれる訳ではありません。また、全ての事業者が安定して経営できるような介護報酬が維持できるほど、財政は豊かではありません。

高齢者住宅事業急増の背景にあるバブル崩壊後の特殊な社会環境は、最も経営しやすい環境、参入しやすい環境だったとも言えます。しかし、その経営環境は、大きく厳しい方向に変化しているのです。

4 類例のない終身契約

私は、これらを、事業リスクの観点から、「スタッフ募集リスク」「入居者重度化リスク」「制度変更リスク」と呼んでいます。いずれも突然発生するようなリスクではなく、事業特性として、参入時から検討しておかなければならないものばかりです。

これらの経営環境の変化に対して、多くの事業者は有効な手を打てないでいます。それは事業ノウハウが乏しく、「開設ありき」でリスク検討が全くできていないこと、そしてもう一つは、契約上、価格やサービスの改定が難しいという事業の特殊性です。

高齢者や家族が、有料老人ホーム等の高齢者住宅への入居を検討するのは、快適な生活を送るということだけではありません。現在の生活ではなく、どちらかと言えば「将来、重度の介護が必要となっても生活できる」「これ以上転居する必要がないように」という将来の安心ニーズに重点が置かれています。そのため、有料老人ホームの入居契約は、1年、2年といった定期・短期的なものではなく、「お亡くなりになるまで」という意味の終身契約をイメージしたものが中心となっています。

この終身契約ですが、生命保険にはよく似た表示が見られるものの、売買契約やサービス提供契約が終身続くようなものは、有料老人ホーム以外に見当たりません。それは、経営環境の変化に対応し難い、リスクの高い契約となるからです。

本来、経営環境が変化すれば、それに合わせてサービス内容や価格設定は見直されます。「30年来のお付き合い」といった業者間の継続的な契約でも、社会情勢や経営環境の変化に対応するために、実際の契約期間は1年～2年程度で見直しが行われるのが一般的です。

これに対し、有料老人ホームの場合は、終身契約が前提となっているため、事業者の判断だけで、価格やサービス内容を変更することはできません。契約書の中では、契約変更について謳われていますが、事業者が勝手にサービス内容や価格を変更できる訳ではなく、契約期間中（入居期間中）に契約内容を変更する場合、事前に入居者や家族に十分説明し、その理解を得ることが必要になります。

有料老人ホーム契約（一般例）

【目的】当事業者は、入居者に対し、老人福祉法等の関係法令及び倫理要綱を遵守し、本契約の定めに従い、次の掲げるサービスを入居者の終身にわたり提供します。

ここに、有料老人ホーム事業の類例のない難しさがあります。述べたように、経営に大きな影響を与える諸制度は未だ流動的であり、入居者の要介護度の変化によって、必要なサービス内容・サービス量は変わっていきます。介護労働市場はこの10年で様変りしたと言っても良いでしょう。その一方で、終身契約に近い条項で月額費用・サービス内容を決めているために、状況の変化に応じて、価格やサービス内容を変更することが難しいという極めて特殊な事業なのです。

当然、消費者物価指数の変動等による、ゆるやかな価格改定については想定されています。しかし、事業計画の失敗・甘さを原因とするような大幅な価格改定は、入居者や家族にとって、認められるものではありません。

実際に、収支が悪化し、価格改定・サービス改定を検討する事業者もでてきており、同時にトラブルも発生しています。広島のある有料老人ホームでは、管理費等を一気に月5万円～7万円引き上げるとの通告を行い、入居者から猛反発を受け、県も調査に動き出す大きな騒ぎとなりました。

当然、低価格の有料老人ホームほどそのリスクは高くなります。特に、パートスタッフを多用するなど、人件費を低く抑えて収支計画が立てられているところは、人件費の高騰は避けられません。しかし、低価格をセールスポイントとして入居者募集を行った後で、大幅な価格改定が行われると、支払えずに退居を余儀なくされるケースも出てくるため、トラブルはより大きくなります。終身利用権として、入居一時金を設定している場合、問題はより複雑になるでしょう。

多くの事業者は、「高齢者住宅事業は成長産業だ」「有料老人ホームの需要は増加する」と考えていますが、全体的な需要やパイが増加するということと、有料老人ホーム事業それぞれ単体が成長するということは基本的に違います。

有料老人ホームや高専賃は、定員と価格が決定された時点で、収入の上限は決まっており、どれほど周囲の需要が増加しても、その高齢者住宅単体の収入が増加するわけではありません。逆に、ベースアップによって人件費は上がることから、基本的に収益幅は小さくなっていく、成長しない事業だと言えるでしょう。

事業者として「より良いサービスをより低価格で提供する」という努力は必要ですが、「低価格化」は、事業に精通し、卓越した事業ノウハウを持つ事業者のみが可能な事業戦略です。事業ノウハウの乏しい新規参入の事業者が選択できる戦略ではありません。また、ハンバーガーや衣料品のように、薄利多売が可能な事業でもありません。

需要が高くなるということと、事業性が高いということは、基本的に違います。

事業ノウハウがなく、新規参入であるにもかかわらず、低価格でも利益がでるように収支シミュレーションされているということは、これらの事業の特殊性からくるリスク検討やリスクヘッジが十分に行われていないということの裏返しでもあるのです。

5　急増するクレームやトラブル

有料老人ホームの増加とともに、その契約やサービスの質を巡って、相談・苦情が急増しています。国民生活センターの資料によると、2000年以降2006年までに900件近くに上り、その後も毎年百件を超える相談が寄せられています。神奈川県では、寄せられた苦情を公表し、入居者や家族に注意を喚起しています。

その原因となっているのが、説明不足によるトラブルです。

そもそも、有料老人ホーム等の高齢者住宅は、単に利用するというものではなく、入居者が実際に生活する住宅サービスで、食事・介護等、共同生活の割合も高くなりますから、職員との間で、あるいは入居者間で様々なトラブルが発生します。また、加齢によって身体機能が低下しているため、転倒すれば骨折し、心筋梗塞や脳梗塞等で容体が急変する可能性も高くなります。要介護高齢者ですから、その対応を誤ると、命に関わるおそれもあります。加えて、特別養護老人ホームのような福祉施設ではなく、高い費用を支払って入居しているという権利意識は高く、サービスの質や内容に対する要求も高くなります。トラブルや事故が発生する可能性の高い事業だと言っても良いでしょう。

有料老人ホーム等の高齢者住宅では、「快適・安心」「終身介護」等の美辞麗句がパンフレットやセールストークの中で使われていますが、そこから入居希望者が受けるイメージと実際のサービス内容には、大きな開きがあります。例えば、「介護が必要になっても安心」「病気になれば協力病院がバックアップ」「終身介護」と説明されれば、入居希望者や家族は、「何があっても死ぬまでここで面倒を見てもらえる」と思うでしょう。しかし、実際には、認知症や医療依存度が高くなり、希望しても老人ホームで生活し続けることが難しいケースはたくさんあります。

入居説明会等に行って話を聞いても、聞こえのよい美辞麗句が耳につきます。事業ノウハウが乏しい上に、事業内容や事業上のリスクやトラブル事例が検討できていないため、どのような不利益な事項があるのかわからず、「どこまでが事業者の責任か」「どのようなトラブルがあるのか」という基本的なことすら説明することができないのです。

これは問題となっている「誇大広告」においても同様のことが言えます。

有料老人ホームに対しては、公正取引委員会からは何度も警告や注意が厳しくが発せられており、２００３年以降は毎年のように排除命令が出されています。一つの業種に対して、これほど頻繁に警告や排除命令が発せられる業態は、他にはありません。問題が大きいとして、２００４年から景品表示法の第４条第１項第３号の規定に基づき、「おとり広告」「原産国表示」

表２・１　有料老人ホームの景品表示法違反件数

	排除命令	警告	注意
2005年	2	0	19
2006年	3	0	4
2007年	0	3	11

「景品表示法の運用状況」（公正取引委員会）より

表２・２　景品表示法に基づく排除命令　（公正取引委員会）の例

排除命令が出された表示	実　態
「24時間看護師が常駐」	ほとんどの日で看護師が夜間勤務していない。
「夜間介護職員８名、看護師２名」	介護職員２名のみ、看護師は１名又は配置していない日もある。
「不安のない介護体制と信頼の協力病院」	介護サービスは他の事業者が提供するものであり、自ら介護サービスを提供するものではない。
「健康診断を定期的に実施」	定期健康診断を実施していない。

と並んで、「有料老人ホーム等に関する不当の表示」が指定されています。食品の表示偽装や産地偽装について、マスコミでは大きく取り上げられていますが、有料老人ホームでも同様に「誇大広告」「不当表示」「優良誤認」が頻発しているのです（表２・１、表２・２）。

「急拡大の中で玉石混淆となっている」「経営に問題がある業者は一部だけだ」と言う人も多いのですが、現在の有料老人ホームで発生しているこれらの問題は、個別の事業者の問題として片付けることはできません。それは、「おとり広告」「原産国表示」に見られるような、その事業に精通した一部の悪徳業者による確信犯ではなく、有料老人ホームの場合「誇大広告」「不当表示」の意識すらないケースが多いからです。

例えば、パンフレットには、「病気になっ

表2・3　有料老人ホームに関する相談・クレーム

◇国民生活センター(消費生活相談データベースより)

- ■　夫婦で入居している有料老人ホームが一方的に管理費の値上げを求めてきた。経営状況が不透明。改善を求めたい。
- ■　母が有料老人ホームで転倒・骨折した。損害賠償と慰謝料を請求したい。
- ■　有料老人ホームの入居者に対する介護者の割合が、新聞広告と入居後に受け取ったしおりではかなり違う。
- ■　有料老人ホームに入居したが、6ヵ月後に退居した。入居金の返金が少ない。

◇神奈川県庁　有料老人ホームに関する苦情の実例

- ■　介護について家族の希望を聞いてくれない。
- ■　ヘルパーが頻繁に替わるため、入居者が顔なじみのヘルパーをつくれず、介護に悪影響を与えている。
- ■　ベッドに縛り付ける等の身体拘束をしている。
- ■　当初説明された以上に介護の費用がかかる。
- ■　介護内容や施設の対応が不適切なために入居後数ヵ月で退居せざるを得なかった。施設の落ち度のため、入居一時金が全額戻ってくるものと思っていたが、入居時に一括償却されるという契約書を盾に返還してくれない。

ても協力病院で安心」と書かれていますが、実際にその事業者が病院を運営している訳ではありませんから、その協力病院がどのようなサポートをしてくれるのかは明確ではありません。実際は「名前を借りている程度」で、その病院で働く医師や看護師は、協力病院であることすら知らないといったケースも少なくありません。また、「24時間緊急対応」と書いてあっても、その内容を聞くと「救急車を呼ぶだけ。付き添いなし」という場合もあります。「救急車を呼ぶだけではダメだ」と言っているのではなく、言葉から受けるイメージと実際のサービス内容には乖離があること、また、そのような事例が常態化していることに、大きな問題があるのです。

「契約よりもスタッフ数が少ない」という表示違反についても、「当初はその予定だったが、スタッフが退職し提供できなくなった」というものが大半です。介護スタッフ不足は全国的に慢性化していますが、人が人に介護を提供する「介護サービス事業」ですから、スタッフの退職やスタッフ確保は、事業経営の根幹となる問題です。言い換えれば、スタッフが退職するという基本的なリスクすら検討されておらず、当然、その対処方法についても、考えられていないということです。

意図的に虚偽の説明をしている訳ではなく、「儲かりそうだから」と安易事業に参入し、「やってみればどのようなトラブルがあるのかわかった」「やってみれば大変だった」という程度の事業者が多く存在するのです。

これらのトラブルの原因は、事業ノウハウ不足・事業内容・事業リスクの理解不足にありますが、すでに事業計画の時点で破綻しているもの、つまり事業として成立していないものも少なくありません。そのため、様々なトラブルは、今後、さらに多く、大きくなっていく可能性が高いと考えています。

第3章　有料老人ホームは「安心・快適」か

1　介護保険は「安心・快適」を約束しない

「介護地獄」「介護崩壊」等、週刊誌にはセンセーショナルな見出しが躍り、高齢者が高齢者を介護する「老老介護」、認知症の高齢者が認知症の高齢者を介護する「認認介護」、そして、その中で様々な悲劇が起こっています。

内閣府が２００５年に行った「世帯類型に応じた高齢者の生活実態等に関する意識調査」によれば、将来に不安を感じている高齢者は、全体の69・２％に上り、２００２年の調査時の59・５％と比較すると10％近く高くなっています。その82・８％は、将来の病気や介護に関する心配です。

高齢者が住み慣れた自宅を離れ、有料老人ホームや高専賃に入居を検討する理由、また家族が一人暮らしの親に入居を勧める理由は、設備やサービスの整ったこれらの高齢者住宅で「快適に暮らす」ということだけではなく、「介護が必要になっても安心して暮らせる」という将来の安心を買うことに重点が置かれています。

入居した高齢者はいずれ加齢によって身体機能が低下し、期間の差はあれ、介護が必要な状態になります。「介護が必要になれば退居」「元気な高齢者のみ対象」というものは、入居者は集まらないでしょう。

そのため、これまで有料老人ホームでは「終身利用」「終身介護」という言葉が使われていました。有料老人ホーム特有の「終身利用できる権利を一時金で支払う」という特殊な価格設定は、「一時金を支払えば死ぬまで安心して生活できる」というニーズに対応して考えられたものです。厚労省はこの言葉は誤解を招くとして制度上も利用されていた「終身利用権」を「利用権」に名称を改めていますが、基本的な契約内容やセールストークは変わっていません。

有料老人ホームのパンフレットには、「介護が必要になっても安心です」「病気になっても協力病院で安心」と、要介護への安心や終身利用できることをイメージする言葉が並んでいます。高齢者やその家族は、介護が必要になっても、重度要介護状態になっても住み続けられる「終の棲家」を探しており、介護保険制度以降の高齢者住宅は、将来の介護不安を払拭し、そのニーズに応えることを標榜して急成長してきたと言えます。

しかし、問題は、本当に現在の有料老人ホームや高専賃等の高齢者住宅が、そのニーズの根幹である「将来の介護不安」に応えることができるのかということです。

バリアフリーの建物を提供し、「介護が必要になれば介護保険で対応する」「介護保険が利用できるから安心」としている事業者は多いのですが、残念ながら、介護保険は「安心・快適」の介護サービスを提供することを目的しているのではありません。

これは、医療保険保険（健康保険）と比較するとよくわかります。

医療保険制度は、原則的に保険診療と保険外診療（自費診療）の混合は禁止されています。これを「混合診療の禁止」と言います。基本的には、一つでも保険外の薬剤や医療行為を受けると、すべて保険が利かなくなり、全額自費診療となります。「海外で認められている抗がん剤が使えない」という報道がなされることがありますが、使えないのではなく、費用が高額となるため使いにくいということです。その是非、あり方を巡っては、今でも議論されています。ただ、「混合診療」を広く認めると、お金のある人とない人で、受けられる医療サービスに差ができることになります。言い換えれば、現行の日本の医療保険制度は、この公的な医療保険に加入していれば、すべての国民が、平等に高いレベルの医療サービスを受けられるということでもあります。

これに対して、介護保険制度は、介護保険と介護保険外の介護サービスの費用混合が前提となっています。介護の基本部分については、介護保険制度で賄いますが、それ以上に手厚い介護サービスを受けたいのであれば、その部分は自分でお金を出して、自費でサービスを購入してくださいという制度です。介護の基本部分、つまり最低限のサービス提供を目的とするものでしかないということです。

問題は、そのことを入居者もそして事業者も十分に理解できていないということです。「介護保険が利用できるから安心」と言っても、どの程度安心なのか、その安心を誰が、どのようにに担保するのかということが、十分に検討されておらず、明確ではありません。また、この「最低限の介護サービス」と、入居者や家族が受ける「安心・快適」のイメージとの乖離は小さくありません。サービス提供の実務を考えると、現行の介護保険制度の適用範囲内のサービスだけでは、軽度要介護状態の時は快適に生活できますが、重度要介護高齢者が多くなると、十分な介護サービスは受けられません。介護保険制度に依存した介護システムでは、「介護が必要になった時にも快適に暮らせるために……」「介護状態が重くなっても安心できるように……」という高齢者・家族のニーズにこたえることはできないのです。

2 介護付有料老ホームは「充実した介護」を約束しない

介護保険制度以降、寄せられた高齢者住宅の開設相談の中で、最も多いものは、低価格の介護付有料老人ホームを検討したいというものです（表3・1）。

表３・１　多い介護付有料老人ホームの相談事例

要　望	その理由
特養ホームの待機者が多いので、その受け皿としたい。	特別養護老人ホームの待機者は４０万人を超える。
軽度〜中度要介護高齢者を対象としたい。	特別養護老人ホームは、重度要介護高齢者が優先。
月額費用や入居一時金を抑えた設定としたい。	これまでの富裕層対象ではなく中間層対象とした価格設定。

表３・２　一般型特定施設入居者生活介護の介護・看護スタッフ配置の指定基準

総スタッフ数（介護スタッフ＋看護スタッフ）	要介護高齢者３名に対してスタッフ１名以上　【３：１配置】 要支援高齢者１０名に対してスタッフ１名以上【１０：１配置】
看護スタッフ	入居者３０名までは１名。 それを超える場合には５０名（またはその端数）が増えるごとに１名を加えた数。
夜勤時	常時スタッフ１名以上配置。
介護スタッフ、看護スタッフともに、１名以上常勤。	

＊　スタッフ数はいずれも常勤換算。

表３・３　スタッフ配置と実働人数

例）　介護付有料老人ホーム：入居者６０名（全員要介護１以上と仮定）

・夜勤：２名配置（常勤換算）

・勤務時間：日勤８時間、夜勤１６時間（２日分）

・年間勤務日数：２５０日（週休２日、有給消化１０日程度）と仮定

スタッフ配置	総スタッフ数	日勤スタッフ数	夜勤スタッフ数
【３：１配置】	20	9.7	2
【２.５：１配置】	24	12.4	2
【２：１配置】	30	16.5	2
【１.５：１配置】	40	23.4	2

注）スタッフ数は看護スタッフを含む。

特別養護老人ホームの待機者は、40万人を超えるとも言われており、その入所にあたっては、要介護4・5といった重度要介護高齢者が優先となっています。対象者の増加によって、更に狭き門となることから、自宅で生活できない要介護2〜3の高齢者のケア付の住居需要は高まります。

介護付有料老人ホームは全室個室で24時間365日介護スタッフが常駐していること、またどれだけ介護サービスを受けても追加の費用は必要ないことから、その人気は高く、低価格の介護付有料老人ホームが一気に増えることになります。

この介護付有料老人ホームは、介護保険制度の「一般型特定施設入居者生活介護」（以下「一般型特定施設」）の指定を受け、老人ホーム事業者に直接雇用された介護・看護スタッフが介護サービスを提供するというものです。特別養護老人ホームや老人保健施設と同じような介護方法・報酬算定方法だと言えるでしょう。指定基準は、要介護高齢者3名に対して1名以上の介護看護スタッフ配置（これを【3：1配置】と言います）で、低価格の介護付有料老人ホームの多くは、月額費用を抑えるため、基準配置（又はそれに近い配置）となっています（表3・2）。

しかし、この低価格の介護付有料老人ホームは、サービス提供上、大きな問題を抱えています。それは、「介護付」でありながら、重度要介護高齢者が多くなると対応できなくなるということです。

この介護システムの特徴は、一言で言えば「総介護力のシェア」です。介護サービスは純粋な労働集約型の事業であり、一人の介護スタッフが提供できるサービス量は限られています。例えば60人の要介護高齢者が入居している場合、【3：1配置】では20人の介護看護スタッフが介護サービスを提供します。その老人ホームには20人分の総介護供給量があり、その供給量を個々の入居者に分散してケアを行う介護システムだということになります。この20名ですが、その中で夜勤や休み等の交代勤務を行うことになりますので、「夜勤２名、看護師２名、年間２５０日勤務」とすると、日中の介護看護スタッフは約９・７名（介護スタッフは８・３名）です（表３・３）。

この介護付有料老人ホームの特徴は、介護システムが一定だということです（図３・１）。軽度要介護高齢者が多くても、また、重度要介護高齢者が多くても、20人の介護スタッフで、24時間３６５日、介護サービスを提供しなければなりません。図３・２のように、要介護１・要介護２の軽度要介護高齢者が多い場合、全体の介護必要量は介護力（つまり介護供給量）よりも小さくなりますから、個々の入居者に対して十分な介護サービスを提供することが可能です。しかし、重度要介護高齢者が多くなると、供給できる介護力以上の介護サービス量が必要となるため、十分なサービスを提供することができなくなるのです。

この問題について、経営者を対象としたセミナーで話をすると、二つの質問が返ってきます。

一つは、「私たちの老人ホームでは重度要介護高齢者にも対応している」というものです。

確かに、基準配置程度の介護付有料老人ホームでも、重度要介護の高齢者は入居されていま

図３・１　介護付有料老人ホーム（一般型）の介護システムの特徴

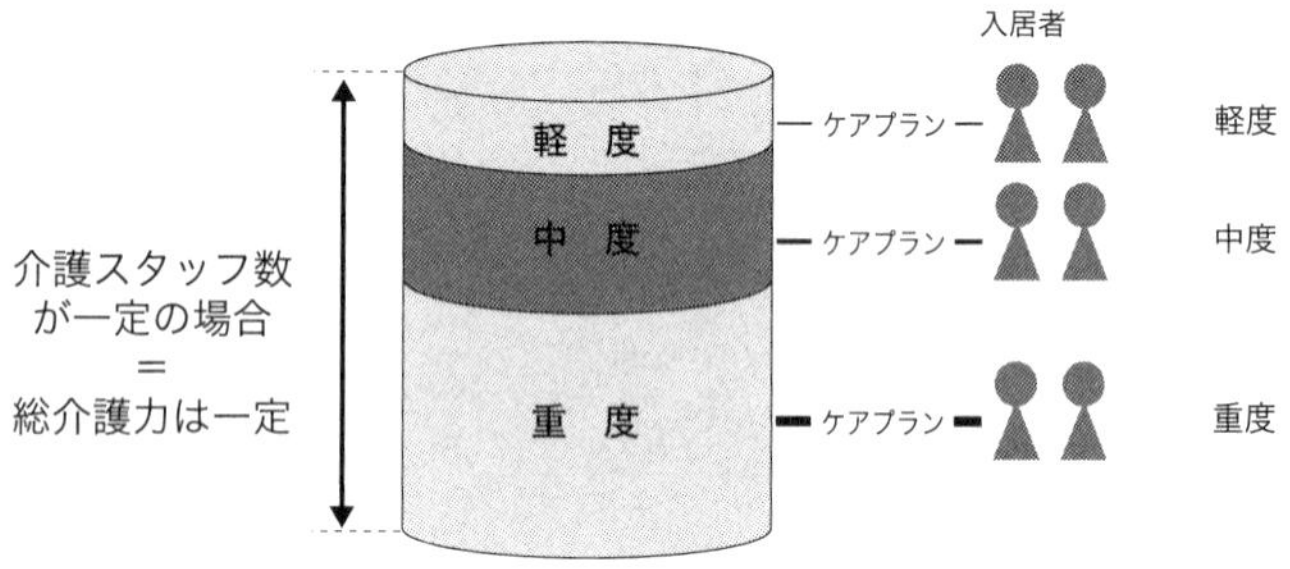

●老人ホームのスタッフが介護看護サービスを提供
●介護看護スタッフ数は、入居者との比率で一定
●老人ホーム内の総介護力を全入居者でシェアしてケアプランを策定

図３・２　基準程度のスタッフでは重度化対応不可

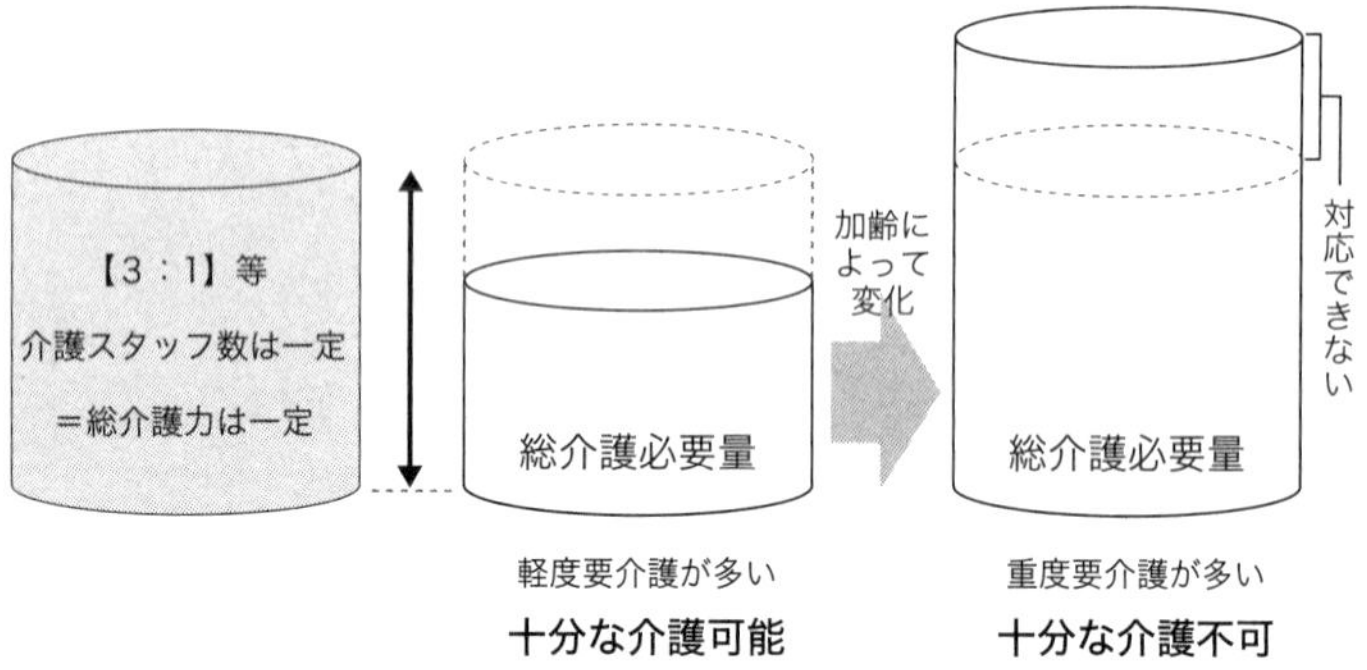

す。ただし、多くの場合その数は少数です。重度要介護高齢者が入居していても、図3・2のように、多くの入居者が軽度要介護であれば、全体の総介護必要量は、介護供給量を超えません。

しかし、述べたように、入居時は、軽度要介護状態であっても、加齢や疾病等によって、全体の要介護度は重度化に進むことになります。本来、必要な介護サービス量が増えれば、それだけ介護スタッフの数も増やさないといけないのですが、現在の介護付有料老人ホームの介護システムは、軽度要介護高齢者が多くても、重度要介護高齢者が多くなっても一定です。

全入居者に占める重度要介護高齢者の割合が増加し、総介護必要量が大きくなると、日中は9・7名で、入浴介助・食事介助・排泄介助・通院介助等を行わなければなりません。その人数で対応できる介護サービスの提供量を超えてしまうのです。

もう一つの意見は、「特別養護老人ホーム程度のサービス提供は可能ではないか」というものです。

この【3：1配置】というのは現在の特別養護老人ホームの介護看護スタッフ配置と同じ基準です。ただ、これまでの特別養護老人ホームは4人部屋などの複数人部屋が多く、集団的・効率的に介護サービスを提供することが可能でした。それでも、特別養護老人ホームの介護スタッフは走り回っており、この配置人数で十分な介護サービスの提供ができていると考える施設長・介護スタッフは全国に一人もいないでしょう。

加えて有料老人ホームは全室個室であり、介護サービス提供の効率性は格段に落ちることに

表3・4　要介護度別にみた各施設の入居者割合

万人

	介護付有料老人ホーム		特別養護老人ホーム		老人保健施設	
	人数	%	人数	%	人数	%
要支援1	0.8	7	-	-	-	-
要支援2	1.2	10	-	-	-	-
要介護1	2.6	21	1.3	3	2.5	8
要介護2	2.4	19	4.0	9	5.8	18
要介護3	2.3	19	9.5	22	9.1	29
要介護4	1.9	15	14.1	33	8.6	27
要介護5	1.2	10	14.2	33	5.8	18
総数	12.5	100	43.1	100	31.8	100

「介護給付費実態調査月報」（平成２１年２月審査分）

なります。実際、全室個室の新型特別養護老人ホームでは、要介護状態の入居者2名に対して1名の介護看護スタッフ（【2：1配置】）程度まで介護看護スタッフ数を増やして介護サービスを提供しているところもあり、それに応じた高い介護報酬が設定されています。介護付有料老人ホームの【3：1配置】基準配置程度では、重度要介護高齢者が増えてきた場合、福祉施設である特養ホームで行われている介護サービスの提供すらできないのです。

多くの人が勘違いしているのですが、そもそも、「介護付」は「介護専用」「介護に対応できる」と言う意味ではなく、「老人ホームの責任で介護を提供する」ということでしかありません。

この問題が表面化していないのは、現在の介護付有料老人ホームには、要介護2までの軽度要介護高齢者が多く、全体の57％を占めているからです（表3・4）。そこには重度要介護高齢者が多くなると介護サービスが提供できなくなるという側面もあるのです。しかし、述べたように、高齢者の要介護度は加齢によって、重度化していきます。今後、加齢によって要介護４・要介護５の重度要介護度高齢者が増えてきた場合、十分な介護サービスの提供が難しく、トラブルや事故が増加することになるのです。

３　スタッフがどんどんやめていく

この基準配置の低価格の介護付有料老人ホームが直面するもう一つの問題は、スタッフ確保が難しくなるということです。

介護サービス業界がスタッフ不足に陥っている一つの理由は離職率の高さにあります。財団法人介護労働安定センターが発表した２００６年度の介護労働実態調査によると、介護業界全体で見ると離職率は、20・３％と全産業の17・５％を上回っています。離職者の勤務年数を見ると、一年未満は42・５％、一年以上三年未満が38・３％となっており、離職者の８割が３年以内に退職するという結果がでています。

この短期間での離職率の高さは、介護付有料老人ホームでは更に深刻です。一年間の離職率は38・２％、一年未満の離職が65・５％と介護サービス全体の中でも群を抜いて高くなっており、離職者の３分の２が一年未満で退職しています。これは、10人のスタッフがいても４人近

表３・５　介護付有料老人ホームの高い離職率

	１年間の離職率％ (全職員を 100％)	離職者に占める 勤続１年以内の 割合％	離職者に占める 勤続１年以上３年 以内の割合％
特養ホーム	19.7	37.4	38.0
老人保健施設	21.2	34.1	42.1
介護付有料老人ホーム	38.2	65.5	26.0
介護保険サービス平均	20.3	42.5	38.3

「平成 18 年度介護労働実態調査」介護労働安定センター

くが1年の内に入れ替わり、そのうち2～3人は働き始めてから一年以内で退職しているということになります（表３・５）。

言われているように、厳しい労働に対して介護報酬が低いということが、この人材不足の一つの要因であることはまちがいありません。しかし、最初から「待遇が悪いので介護の仕事はやらない」というのであればわかりますが、就職するということは、高齢者介護の仕事内容をある程度理解し、その給与や待遇に納得して仕事を始めたはずです。「聞いていた待遇（給与）と違う」「事務職採用なのに介護職にまわされた」等といった特殊な事情がない限り、この短期離職率の高さは説明できません。私は、介護付有料老人ホームで離職率が突出している背景には、他にも理由があると考えています。

それは研修・教育不足です。

実際の介護付有料老人ホームの勤務内容を考えると、最初の半年程度は一人分のスタッフとしてカウントすることはできません。新人スタッフは、最初の1ヵ月程度は、入居者の顔や名前を覚えるのが精一杯です。また、入居者一人一人の状態や病歴等、注意しなければならないポイントはそれぞれに違いますので、一つ一つ、先輩スタッフに確認しなければなりません。これは、介護の未経験者でも経験者でも同じです。

これは仕事の内容以上にとても気をつかうことです。私は5年間、老人病院や老人ホームで介護の仕事をしていましたが、新人の頃は、何をするにも忙しく働いている他の先輩スタッフの手を止めることになりますので、自分は仕事をしているのか、他のスタッフの邪魔をしているのか、わからなくなります。

それでも、要介護高齢者に対する介護の失敗はその人の命を脅かす危険があります。看護師から渡された薬を、名前をうろ覚えのままで、違う人に飲ませると大変なことになりますし、入居者の異常に気がつくのが遅れると大きな事故につながります。実地に働きながらの教育訓練（ＯＪＴ）が基本となるにしても、最初の半年程度は、指導係のサポートが不可欠です。

しかし、基準配置程度の介護付有料老人ホームでは、絶対的にスタッフ数が少なく、業務に追われているために、十分な研修や教育が行われないまま、一人分として勤務に組み込まれることになります。中には、最初の月から夜勤等に組み込まれるというケースもあるようですが、何かトラブルが発生したとき、対応できませんので、非常に危険で無謀だと言わざるを得ません。また、いつでも気持ちよく教えてくれる人ばかりではありませんので、初めから仕事だけでなく、人間関係にも疲れてしまうのです。

このスタッフの早期離職率は、入居者の要介護度の重度化によって、更に、確実に高くなります。重度要介護高齢者が多くなり、介護サービス量が増えても、介護スタッフ数一定ですから、その皺寄せは、すべて個々のスタッフにかかってくるからです。

「優しい気持ちで介護したい」と仕事を選んだにも関わらず、「チョッと待って下さい」「後で行きます」「何度もコール押さないで!!」と、少しずつ苛立ちが高まります。その皺寄せは、真面目に働くベテランスタッフに集中します。ストレスを溜め込み、燃え尽きるように退職に追い込まれることになるのです。逆に、管理者は、退職されると困るので、ミスや手抜きに対しても、厳しく指導できなくなります。サービスの質は低下していくため、意識が高く、やる気のあるスタッフから、退職するということになります。

現在の介護付有料老人ホームに、軽度要介護高齢者が多い理由は、十分なサービス提供ができないというだけでなく、重度要介護高齢者が増えると介護スタッフが持たないという側面もあるのです。

すでに、空き部屋があっても、介護スタッフが不足しているため、新たな入居者を受け入れできないという介護付有料老人ホームは出てきています。また、一斉に緊急監査を行った場合、恐らく指定基準や契約基準を満たしていない事業所も、あるはずです。

行政の試算（社会保障国民会議、２００８年10月資料）によると、今後要介護高齢者の増加によって、必要な介護スタッフ数は、２０２５年には現在の2倍の２２５万人が必要とされていますが、少子化によって、それを支える介護力は低下していきます。更に、述べたように、現在運営中の介護付有料老人ホームは、低価格に抑えるために人件費が抑えられていますから、新規の介護スタッフ募集も難しく、入居者の月額費用の値上げにつながるため、給与改定も簡単に出来るわけではありません。

スタッフ確保や重度化対応を十分に検討せず、「介護付だから安心」と入居者を集めている介護付有料老人ホームは、スタッフ離職・トラブル急増で、事業継続が困難となる可能性が高いのです。

4　重度要介護に対応できない住宅型有料老人ホーム・高専賃

高齢者住宅に対するもう一つの介護報酬の算定方法は、自宅と同じ区分支給限度額を利用するというものです。この有料老人ホームを住宅型有料老人ホームと言い、現在増えている高齢者専用賃貸住宅（高専賃）も大半がこの方式を採っています。詳細は後述しますが、介護保険財政の悪化から、新規の介護付有料老人ホーム開設を抑制する都道府県が増えており、変わって、この数年は、この住宅型有料老人ホームや高専賃の開設に関する相談が多くなっています。

区分支給限度額方式は、介護付有料老人ホームとは違い、当該老人ホーム事業者からではなく、自宅でサービスを受けるのと同じように、入居者個人が外部の訪問介護・訪問看護・通所介護等の介護サービス事業者と直接契約し、介護サービスが提供されます（図３・３）。入居していた日数で介護報酬が計算される介護付有料老人ホームとは違い、実際に利用した介護サービス分だけが算定される出来高算定であること、また、外部の「訪問・通所」「介護・看護・リハビリ」等の様々なサービスが利用できることから、多様化するニーズに対応することが可能です。

詳細なデータは取られていませんが、介護付有料老人ホームと比較すると、住宅型有料老人ホームや高専賃には、自立～要支援・軽度要介護状態の高齢者が多いと言われています。ただ、述べたように高齢者住宅に入居を検討する高齢者の最大のニーズは介護が必要になった時の不安にありますから、「介護が必要になれば介護サービスが利用できます」「デイサービス等も利用できます」と言ったセールストークが行われています。

しかし、実際には、重度要介護状態になった時には、この介護保険の介護サービスだけで安心・快適な生活を維持するだけの介護サービスを受けることはできません。「重度化対応」という側面から見た、現在の住宅型有料老人ホーム・高専賃の問題点は「隙間ケア・臨時ケア」の視点が欠けているということです。

「隙間のケア」とは、介護保険では対応できない短時間のケアのことを言います。

例えば、訪問介護の食事介助は一人で食べられない高齢者に対して、隣に座って食事を食べさせることを目的としています。訪問介護の介護報酬算定は時間制であり、食事中の介助だけでなく、食堂で食べる場合、車椅子への移乗や居室からの移動介助も含まれます。ただ、自分で食べられるが、移動介助のみが必要な高齢者に対しては、介護報酬は食事介助の算定対象と

図３・３　住宅型有料老人ホームは自宅と同じ介護システム

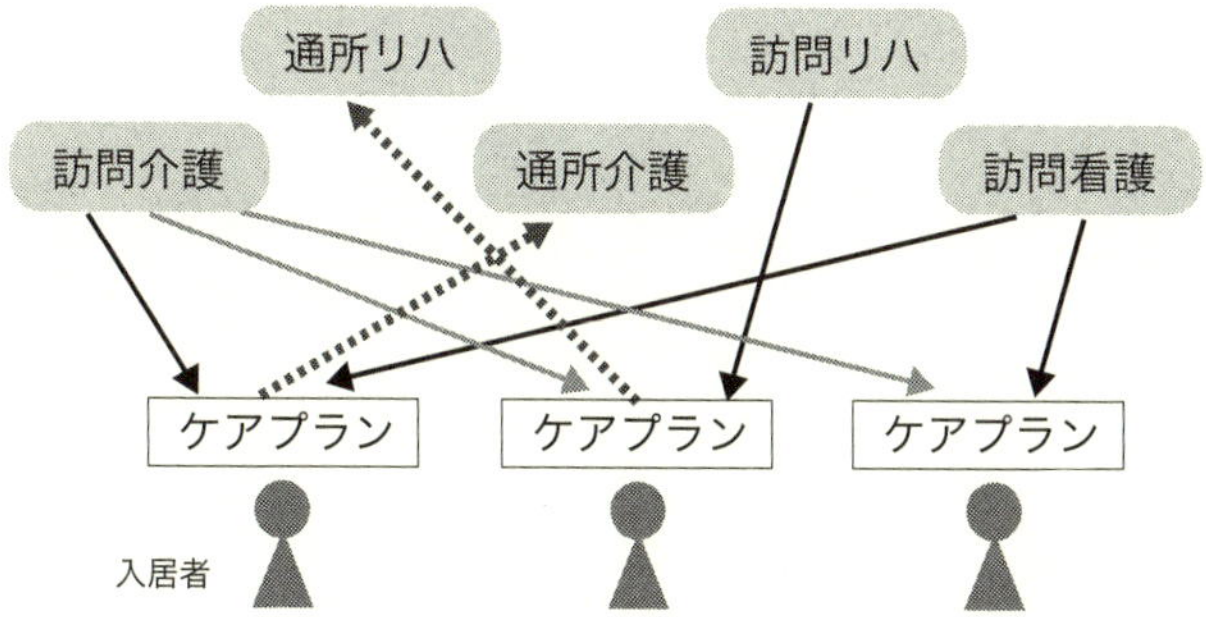

●老人ホームのスタッフは介護・看護せず、外部からの訪問介護等を利用
●自宅で介護サービスを受けるのと同じ形
●有料老人ホームが介護サービスを提供するわけではない

図３・４　住宅型有料老人ホームで重度化対応は困難

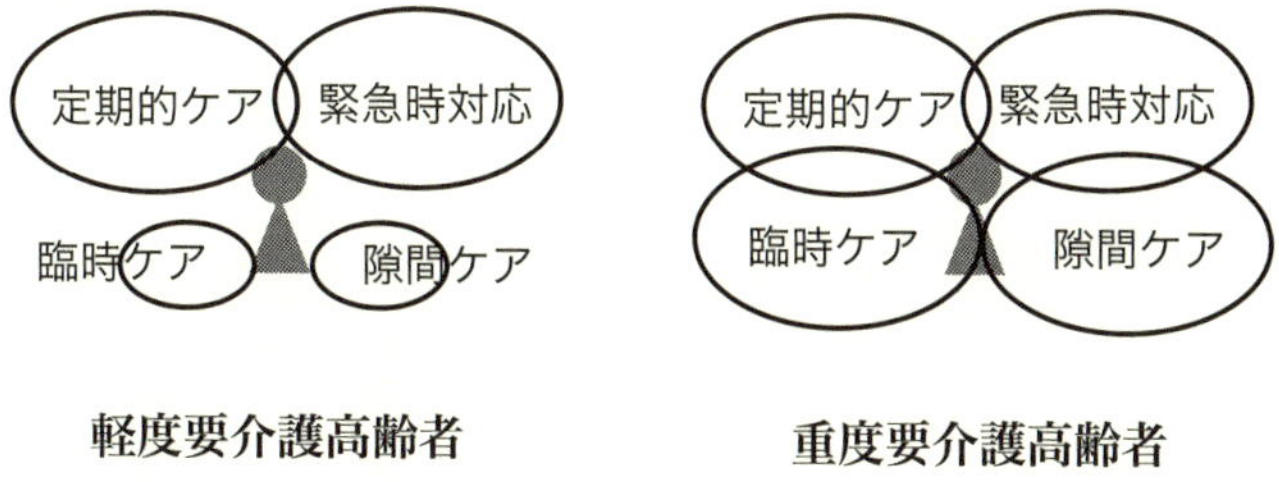

●臨時・隙間ケアのニーズは小
●事前ケアプランで対応が可能

●臨時・隙間ケアのニーズが大
●事前ケアプランで対応が困難

していません。

実際のケアを考えると、この「食事介助」「移動介助」のどちらが先に必要となるかと言えば、一般的には移動介助です。自分で食事を食べることができても、ベッドから車椅子への乗り移りや自分で車椅子を操作できない（また、非常に危険）短時間の介助には、介護保険は使えないのです。

これは食事介助だけではありません。排泄介助や入浴介助等、ある一定時間が必要な介護サービスの付属以外では、移乗介助・移動介助は介護報酬の算定対象となっていません。ベッドから車椅子への移乗ができなくなれば、ベッドに上がることも、降りることもできません。その他、要介護状態が重くなると、テレビを見たい、電気をつけてほしい、ベッドを上げてほしい等、短時間の細かな介護の連続となります。これらは快適な生活を送るためには不可欠ですが、介護保険の区分支給限度額方式では算定できないのです。

もう一つは、臨時ケアへの対応力です。ケアプランは一般的に1ヵ月単位で作成・見直しをされていますが、特に、重度要介護高齢者は、日によって体調の変化が大きいため、臨時に必要なケアが多くなります。例えば、定期的な排泄介助をプラン化していても、下痢等で排便のコントロールが効かなくなるときがありますが、臨時の対応ができないと、「ヘルパーさんが来るまであと4時間」と、非常に不愉快なままで長時間待たされることになります。その他、背中が痛いので体位交換してほしい、汗をかいたので着替えたい等、事前に予定できない、すぐに必要な臨時のケアはたくさんあります。

「住宅型有料老人ホームや高専賃でも、自宅と同じ程度の介護サービスはできる」という人がいますが、自宅と同じであれば、自宅に住み続けるでしょう。「介護が必要になっても安心・快適」をセールスポイントとしていながら、便が出てもオムツ交換に何時間も待たされるようなサービスに満足できるとは思えません。

介護保険は、事前に予約した「食事介助」「入浴介助」「排泄介助」等のポイント介助のみを想定して策定されているのですが、要介護高齢者の生活を支えるためには、この「臨時ケア」「隙間ケア」に加え、ふらつきの見守りや食事の促し・声かけ等、直接的な身体的介助を伴わないケアも不可欠です。

また、要介護度が重くなると自分から体調の変化を訴えることが難しくなることから、「今日はいつもより顔色が悪い」「便の色が良くない」「体に発疹が出ている」等、積極的に気づいて対応することが必要となります。「毎日15時の排泄介助だけのホームヘルパー」「週に一度だけ入浴介助にくる」といった区分支給限度額のポイント介助だけでは、事故や疾病等のサインを見逃してしまいます。生活の連続性・介護の連続性という視点からの一体的なケアがなければ、重度要介護高齢者の生活をサポートすることはできないのです。

そもそも、この区分支給限度額方式では、介護付有料老人ホームと違い、介護サービスは老人ホーム事業者から提供されるのではなく、「介護サービス事業者と入居者間の契約」というのが基本です。利用している介護サービス事業者の経営が悪化し、事業閉鎖ということになれば、その入居者は次の介護事業者が見付かるまで介護サービスを受けられなくなります。

住宅型有料老人ホームや高専賃の事業者は「介護が必要になっても安心」を担保することはできません。「介護が必要になれば介護保険が利用できます」と言うのは、「病気になれば健康保険が使えます」というのと全く同じです。「安心・快適」とは程遠い、非常に不安定な介護システムなのです（図3・4）。

5　行き場がなくなる病気の高齢者

重度化対応の不備と合わせて、これからの高齢者住宅が直面する課題の一つに「医療ケアの対応力の不備」が上げられます。

述べたように、介護保険制度がはじまるまで、特別養護老人ホーム等の介護施設不足を病院の長期入院で賄ってきたという歴史があります。高齢者は、身体機能が低下していることや、治癒までの期間も長くなることから、入院すると長期入院となることも珍しくありません。また、麻痺等が残った場合、これまでのように自宅で生活できなくなるため、病気が治ってもそのまま入院し続けるという社会的入院が常態化していました。

しかし、その結果、医療費は膨張し、医療保険財政は制度の継続が危ぶまれるほどに悪化したため、介護保険制度の発足に合わせて社会的入院や長期入院は急速に削減される方向に向かっています。長期入院が必要な患者を対象とした医療保険適用の療養病床の削減は当初の予定から見直されるようですが、介護保険適用の療養病床は２０１１年度末までに、廃止されることが決まっています。

この「入院からの高齢者外し」は療養病床だけではありません。一般病院でも長期入院を減らすための入院期間の短縮が進められています。一般病院では入院している全患者の平均の入院日数である「平均在院日数」の管理が厳しくなり、これが基準より長くなると、入院基本料の診療報酬が大きく下げられることになります。

平均ですから、長期入院している高齢者が増えると一気に報酬は下がることになります。逆に、入院14日以内の患者には保険点数が加算され、早期退院を促す報酬体系となっています。長期入院になりがちな高齢者の退院促進が躍起になって行われる背景には、病院経営のそういう事情があるのです。

特養ホームの不足分を補ってクッションの役割をしていた長期入院が削減されることから、有料老人ホーム等の高齢者住宅の需要がより高くなるという見方はまちがいではありません。ただ、そこにはもう一つ考えなければならない課題がでてきます。それは、「入院から入居へ」の流れは、高齢者が病院から高齢者住宅へと移るという人の移動だけでなく、これまで病院で対応してきた医療依存度の高い高齢者へのケアやターミナルケア等の対応が、これからは高齢者住宅で必要になるというサービス内容の移動を伴っているということです。

しかし、有料老人ホーム等の経営者と話をしていても、残念ながらその意識は低く、「医療ケアは協力病院にお任せしています」「ホームで対応できない医療ニーズの高い高齢者は入居対象外としている」と軽く考えているのが現実です。実際、多くの介護付有料老人ホームの介護システムは「介護」を中心として設計されており、医療依存度の高い高齢者は想定していません。特に述べたような低価格の介護付有料老人ホームでは、人件費の高い看護師は、最低限の基準でしか配置されておらず、医療ニーズへの対応は実質的に不可能です。住宅型有料老人ホームや高専賃では、一部を除き、ほとんど関知していないといったところでしょう。

入居者の選定時はそれでもよいのですが、問題は、入居中の高齢者が肺炎や脳梗塞で入院した場合でも、一定の医療ケアが必要な状態で退院してくるということです。

高齢者にとって医療は、介護同様に日常的に必要なサービスであることから、ほとんどの有料老人ホームでは協力病院を定めており、パンフレットを見ても「A病院と連携」「協力病院はB医院で安心」等と大きくアピールされています。しかし、実際は協力病院と言っても名前だけで、実質的な連携がとれていないところも少なくありません。述べたように平均在院日数の管理は、経営の根幹に関わる問題ですから、長期入院にならないように積極的に退院を促進します。「医療は病院でおまかせ」という高齢者住宅と「在宅でできることは在宅で」という病院との間で、入居者は行き場を失う可能性があるのです（図3・5）。

図3・5　行き場を失う高齢者

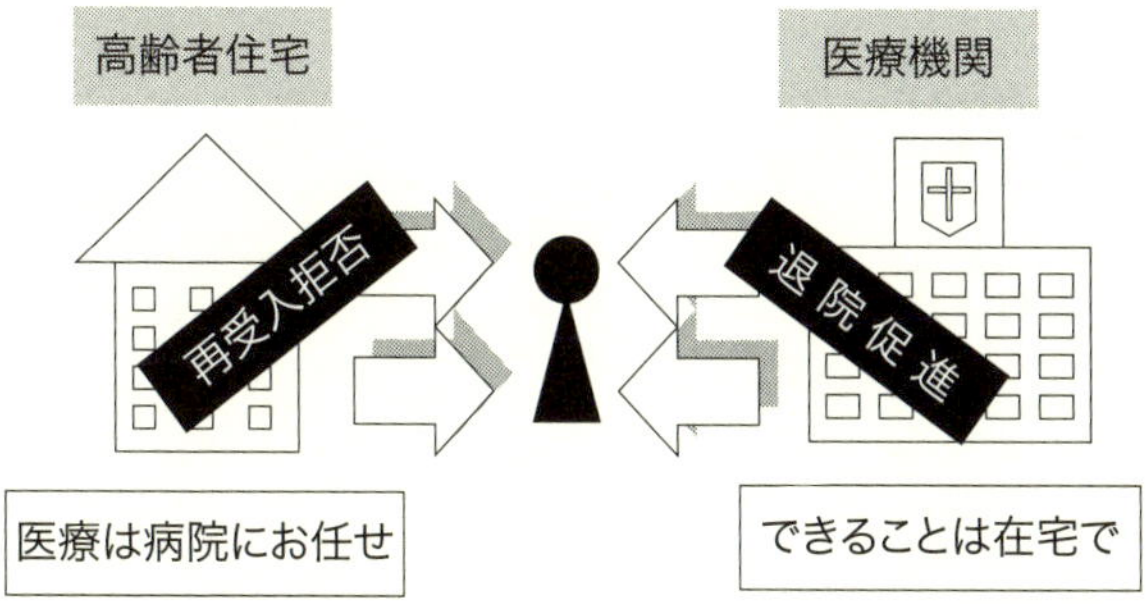

　この背景にあるのは、介護スタッフの医療行為の問題です。病院から見れば、自宅で家族が対応できる程度には回復しているのだから、介護福祉士や看護師等のプロのスタッフがいる介護付有料老人ホームでは全く問題ないだろうと考えがちです。しかし、実際には、知識があっても医療行為が業としてできるのは、医療法の中で医師や看護師に限られており、緊急時を除き、介護福祉士であっても行うことはできません。

　例えば、気管切開の高齢者で痰の吸引が必要な場合、家族は本人に準ずる立場として吸引することができますが、ホームヘルパーや介護福祉士はできません。糖尿病の高齢者に対するインシュリンの注射も同様です。現状では、夜間に看護師が常駐していない老人ホームでは、痰の吸引が必要になれば救急車を呼ぶか、看護師に電話して出勤してもらうしかありません。知識があっても医療ケアへの対応力は、家族のいる自宅に遠く及ばないのです。

今後は「入院から在宅へ」というのが大きな流れの中で、これまで以上に点滴の管理や夜間の投薬等、医療ニーズの密度が高いままで退院する高齢者が増えてきます。有料老人ホーム内の医療・看護体制の充実が整っていない場合、再受け入れを拒むことになりますが、入居者や家族の立場からすれば「協力病院と連携しているので安心だと言ったじゃないか！」「本当に必要な時に放り出すのか！」とトラブルになるでしょう。その老人ホーム以外に帰るところはないのですから。

逆に、介護スタッフの役割や医療行為に対する危険性の理解が不十分なままで、入居者を受け入れることになると、入居者の生命に関わるようなトラブルや大事故が発生します。一部容認されているものもありますが、介護スタッフの医療行為は、法律違反ですから、良かれとおもってやったことでも、入居者の容体が急変した場合、刑法上の罪に問われる可能性もあります。

厚生労働省は、特養ホーム等の介護職員にも「たんの吸引」等、一部の医療行為について、認めるという方向性を打ち出しています。一定の基準が策定されることになりますが、本当に安全性が担保できるのか、なし崩しになってしまわないか等、問題は山積しています。「口腔内だけの吸引」としていても、実務的な判断は現場に任されるため、行う介護職員の大きなストレスになることは間違いありません。

大手の有料老人ホーム事業者の中には「入院になれば一旦退居とします」ということを明確に打ち出しているところもあります。それだけ、この医療ケアへの対応は難しい問題なのです。

6 「早めの住み替えニーズ」
――入居者が要介護状態になったらどうする？――

介護保険制度の発足以降、「介護付」「終身介護」など、要介護高齢者を対象とした高齢者住宅に注目が集まっていたのですが、最近、開設される高齢者住宅のコンセプトとして業界で耳にするのが「早めの住み替えニーズ」です。これは、介護が必要になってから住み替えるのではなく、元気な時から住み替えておいた方が、将来、介護が必要になった時にも安心だろうと考える高齢者を対象としたものです。

国土交通省も、「早めの住み替えニーズ」と言う言葉を使って、高専賃や適合高専賃等の制度を推進しています。地域によっても違いますが、現在、増えているものは、食事付で10万円～15万円という価格を抑えたものです。

初めて高齢者住宅事業に参入する民間企業も、介護サービスについての理解が不十分であることや、トラブルが増加していること等から、まずは元気な高齢者を対象とした高齢者住宅を運営し、事業に慣れてくれば介護サービスを独自で提供したいと考えているようです。

しかし、事業性の視点から見ると、「早めの住み替えニーズ」対応の住宅事業は、もっぱら要介護の高齢者を対象とする高齢者住宅よりも数段難しいのです。それは、元気な高齢者を対象とした住宅と要介護高齢者を対象とした住宅は「介護システム」「建設・設備」「運営方法」が基本的に違うこと、途中で価格やサービス内容の改定が難しいこと、そしてその上で身体状況の変化・要介護度の変化に対応しなければならないからです。


一つは介護システムの問題です。

要介護状態が変化するにつれて、必要な介護サービス量は変化していきます。それは、日々変化する介護必要量に合わせて介護システム・つまり介護スタッフ数を変化していかなければならないということです。

しかし、述べたように、ポイント介助だけの区分支給限度額方式だけでは、重度要介護高齢者の生活をサポートすることはできません。また、「要介護高齢者が多くなれば特定施設入居者生活介護の指定を受けたい」という意見もありますが、都合よく、指定を受けることができても、述べたように、その指定基準程度では、重度要介護高齢者が多くなると対応できません。よく見る事業計画は、単純に数字を当てはめただけの事業シミュレーションに基づく、いわば「机上の空論」がほとんどです。例えば、50人の自立高齢者・要支援程度の高齢者が、中度・重度要介護状態になるまでを頭の中だけでシミュレーションしても、その通りになることは100%ありません。

加えて、人間関係のトラブルや認知症の問題もでてきます。独歩可能な高齢者に認知症の周辺症状が発生した場合、その対応はより難しくなります。日中だけでなく夜間スタッフ配置まで考えると、その変化に対応できる介護システムを検討することは、実際は不可能です。

これは、建物や設備にも関係してきます。

「高齢者住宅」「老人ホーム」と言っても、元気な高齢者が快適に暮らすための建物・設備と、要介護高齢者が安心して暮らすことのできる建物は基本的に違います。

例えば、元気な高齢者が多く入居している有料老人ホームや高専賃は、1階や最上階がレストランで、その他のフロアーに居室が整備されているものが多いのですが、要介護状態が重度化し車椅子の入居者が多くなると、一度に2～4名程度しかエレベーターに乗ることができないため、食事毎にエレベーターが混雑することになります。これを一日3回繰り返すのは大変ですし、移動介助が必要な高齢者が増えてきた場合、その時間・手間も大きなものになります。

また、入浴設備も問題になります。自分で入浴できる高齢者が多い場合は、一般の浴槽・又は少し段差の低い浴槽で対応できますが、寝たきりになれば、それに対応した入浴機器が必要になります。ただ、一つ数百万円という高額なものになりますから、一人、二人の入居者のために新たに購入することはできないでしょう。

その他、居室配置、ドアの開き方、手すり位置等、建物配置や設備は、要介護状態が重くなるにつれて、高齢者の生活すべてに大きな影響を及ぼすことになります。それに対応できていない場合、その負担はすべて介護スタッフにかかることになり、トラブルや事故が増えることになります。

実は、この「早めの住み替えニーズ」という考えは、新しいものではなく、以前からあったものです。対応する福祉施設は、「ケアハウス」です。

ケアハウスは１９８９年（平成元年）に軽費老人ホームの一つの型としてスタートしたもので、高齢社会の新しい老人福祉施設の形として厚生労働省も力を入れて整備が進められました。２００７年10月現在で１７９５施設、定員7万１３１２名分が整備されています。それまでの複数人部屋とは違い、全室個室でプライバシーが確保されていますし、食事や生活相談等のサービスも受けられます。介護が必要になっても介護保険制度が利用することができることから、「将来的に介護が必要になっても生活できる」というのが発足当初の説明でした。

しかし、その整備から20年が経過しましたが、実際にはこのケアハウスにほとんど重度要介護高齢者は生活していません。述べたように、介護保険のポイント介助だけでは、生活が維持できないからです。なぜ、要介護重度化リスクが表面化しないかといえば、ケアハウスを運営している社会福祉法人は、同一グループ内で特別養護老人ホームを運営していることが多いために、スムーズに（こっそり・優先的に）、特養ホームへの住み替えをサポートすることが可能だからです。

これは、福祉施設だからできる特殊な方法です。

民間の高専賃や住宅型有料老人ホームには、同程度の価格で、入居者が安心して住み替えできるような行き先はありません。入居時に自立生活ができている高齢者が快適に生活でき、かつ、重度要介護状態となっても安心して生活できるようなシステムを構築するということは、非常に難しく、それには高額の費用が必要になります。それは、同じ学校と言っても、大学と小学校では、建物・設備・カリキュラムが違うのと同じです。

「福祉施設ではなく一般の高齢者住宅に入りたい」「交通にも便利な場所にある民間の住宅に入居したい」といった需要はあるでしょう。しかし、需要と事業性が常に一致するわけではありません。「介護が必要になっても安心」という基本ニーズを考えると、「早めの住み替えニーズ」という元気な高齢者を対象とした低価格の高齢者住宅は、民間企業が行う事業としては、難しいのです。

ここまで、現在運営されている高齢者住宅の問題点について述べてきました。当然、これらの問題について工夫されているところも多く、「介護付有料老人ホーム」「住宅型有料老人ホーム」と言っても、それぞれにサービス内容は違います。

問題は、実際の契約内容、サービス内容・セールストークと、入居者や家族が高齢者住宅事業に求める「終の棲家」というイメージが、大きく食い違っているということ、そして、そのサービス内容やリスクが正確に入居者・家族に伝わってないということです。

特に「終身利用できます」と入居一時金を支払って入居している場合、重度要介護状態や医療依存度が高まって、本当に困ったときに途中退居を求められることになれば、入居者・家族にとって、受け入れられるものではないでしょう。

安易に「安心・快適」「介護付だから安心」「介護が必要になっても安心」と入居者募集をしている事業者は、入居者の要介護状態が重度化することによって、大きなトラブルの種を抱えることになるのです。

第4章　利用権と入居一時金制度の問題

1　有料老人ホームの特殊な利用権・入居一時金

私たちが、自分の住む住居を探す場合、購入するか賃貸住宅に入るかのどちらかが一般的です。

これに対して、有料老人ホームには、一体的に介護や食事等のサービス契約を締結するという条件のもと、「利用権」という特殊な契約方法が認められています。居室を購入（所有権）したり、賃借（借家権）したりするのではなく、居室と共用部分、設備等を利用する権利を購入するという独自の方法・権利です。

この利用権料を賃貸住宅の家賃のように毎月支払うという月払いのホームも増えていますが、今でも、終身利用できる権利を一括して購入するという入居一時金方式が主流となっています。国民生活センターの調べ（２００６年）によると、月払いとの併用、月払いと一時金の選択も含め、介護付有料老人ホームでは約90％、住宅型有料老人ホームでも70％が入居一時金を設定しています。

有料老人ホームという住宅商品の最大の特徴は、この利用権という権利、そしてその利用権を入居一時金で購入するという価格設定方法にあると言って良いでしょう。

この入居一時金を支払えば、毎月の利用権料（家賃相当）の支払いは必要ない（あるいは低く抑えられる）ということになりますが、逆に短期間で退居した場合、全くお金が返ってこないと、実際の居住期間に対して非常に高額な利用権料となってしまいます。ですから、入居一時金に数年から十数年の償却期間を設け、終身利用できる権利の取得と同時に、その期間の利用権の前払いという意味を持たせているのが一般的です。

図４・１のように、入居者が設定された設定された償却期間内で退居した場合は、利用権料が前払いされていたとして残金（未償却部分）が入居者（家族）に返金されます。逆に、償却期間を超えて入居する場合でも、終身利用できる権利を取得しているとして、追加費用を支払わなくてよいということになっているのです。

一例をあげると、「入居一時金５００万円・償却期間5年・終身利用権有・定額均等償却」の場合、一年間の利用権料は１００万円（５００万円÷5年）ですから、単純に計算すると3年で退居した場合、残りの2年分、２００万円が戻ってくる計算になります。ただし、5年を過ぎて入居する場合でも、追加費用は必要ありません。

図4・1　入居一時金の価格システム

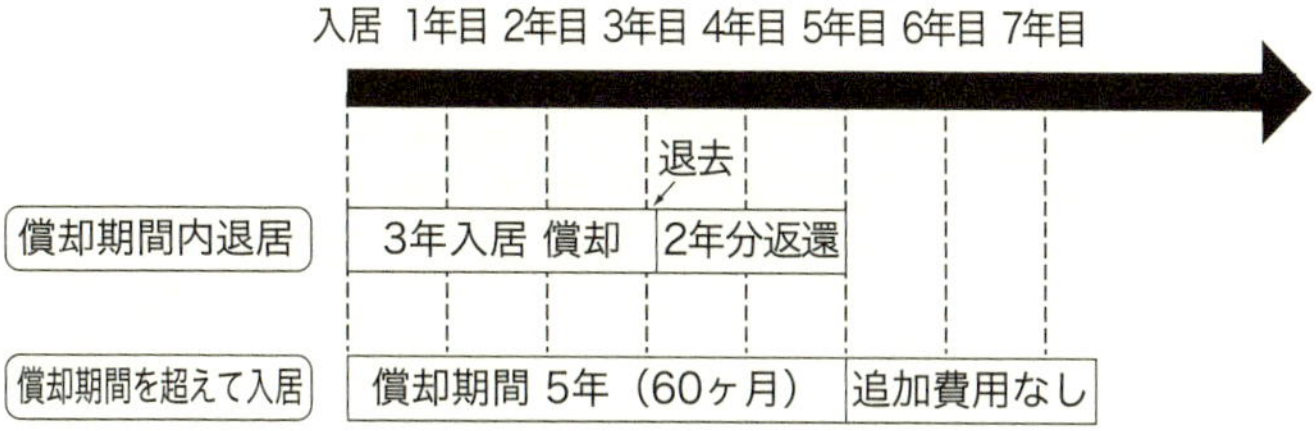

●入居一時金は、償却期間内の利用権の前払い（償却期間内なら未償却部分は返還）

●償却期間を超えて入居しても追加の一時金・利用権購入は必要なし（終身利用）

この入居一時金方式は、高齢者住宅の価格設定方式としては良く考えられたものです。

入居一時金を支払えば、その居室や共用施設の利用に関する費用がなくなる（または小さくなる）ため、月々に支払う月額費用を抑えることができます。有料老人ホームの入居を考える高齢者は預貯金等の金融資産は多くても、毎月の収入は年金程度と少なくなります。これまでの生活スタイルから毎月少しずつ預貯金を取り崩しながら生活することには抵抗があり、入居一時金が支払えるのであれば、毎月の支払いは年金収入程度に抑えられるほうが安心だという声は少なくありません。長生きすることによって、総支払額が大きくなることに対する保険の意味もあります。

一方、事業者としても、入居一時金によってキャッシュフローが潤沢になるため、資金が不足しがちな開設後数年間の経営が安定するという利点があります。

介護保険制度までの元気な高齢者を対象とした有料

老人ホームでは、入居によって高額の入居一時金が入ってくるため、その潤沢な費用を建設費用の返済に充て、借り入れ利息を軽減するという経営方法が採られていました。現在の要介護高齢者を対象とした介護付有料老人ホームでも、入居者募集の成否に関わらず、ある程度のスタッフは雇用しておく必要がありますし、介護報酬の支払いは二ヵ月遅れとなるため、当初の運営資金の安定的確保は重要です。特に、新規参入や資金力の乏しい企業では、運営資金に余裕を持たせるため、入居一時金方式を選択しているところが多いようです。

一般の賃貸住宅であれば、対象者の年齢がバラバラで、入居期間を想定することはできませんが、高齢者の場合、終身利用を前提としても、年齢によってある程度、生存期間＝入居期間が想定できるので、それに合わせて入居一時金の価格設定が可能となります。入居期間の想定が可能な高齢者住宅にしか適用できない特殊な価格設定方法だと言えるでしょう。

2　トラブルの多い利用権・入居一時金

しかし、この利用権・入居一時金という有料老人ホームの特殊な居住者の権利やその価格設定方法を巡っては、多くのトラブルが報告されています。

根本となる問題は、「利用権」という権利の曖昧さです。

述べたように、一般の住居の権利は、基本的に所有権と借家権の2つに分けられます。

その土地や建物等の不動産を買い取る所有権は、民法上の物件の一つであり、基本的に所有者は自由にその所有物を「使用・処分・収益」できます。自分の所有物であり、基本的には、他人から出て行くように言われることはありません。

借家権は、その家を所有者（いわゆる大家）から借りることによって発生する権利です。日本では、住居として家を借りる場合、その権利は借地借家法という法律によって細かく規定されており、居住の安定性を図るという観点から、借家人は非常に強く守られています。家主の勝手な都合で、退居させられるということはありません。

これに対して、有料老人ホームに適用されている利用権は、居住者の立場から見れば、非常に弱い権利です。

所有権・借家権と同様に「利用権」と列記されていますが、この利用権にはその根拠となる法律がなく、事業者と利用者の間で取り交わされた契約上の権利です。そのため、同じ利用権と言っても、その有料老人ホーム毎にその内容は違います。当然、この契約書は、老人ホーム事業者によって作成されるため、事業者に強い、また都合の良いものとなっています。個々の利用者が入居後にその契約内容に疑義を唱えても、個別に変更されることはありません。

特に問題となるのが退居事由です。

借家権の場合、相当の理由（家主が住むところがない、老朽化で危険等）がない限り、家主からの一方的な賃貸契約の解除は認められていません。しかし、有料老人ホームの利用権の場合は、契約違反や利用料滞納だけでなく、認知症の問題行動やトラブル等によって、老人ホーム内で生活を維持することが難しいと事業者が判断した場合、退居を求めることができる旨の契約内容（事業者からの契約解除）が多くなっています。「事前に話し合う」ということが前提となっていますが、最終的な判断、決定権は事業者が握っています。

有料老人ホームは、介護や食事等の生活サポートサービスがクローズアップされていますが、その根幹となるのは住宅事業です。高齢者は何度も転居ができる訳ではなく、施設不足によって行き場所がありません。ほとんどの場合、その入居目的は「終の棲家」です。一般の住宅以上に居住の安定性は重視されなければならないのですが、有料老人ホームの居住権は、非常に曖昧で弱いのです。

この問題を更に大きくしているのが、この曖昧な利用権料を入居一時金で支払って購入するという価格システムです。

つまり、「利用権」という権利は、入居者にとって弱い権利であるため、「終身利用できますよ」と説明を受け、高額の入居一時金を支払っていても、退居させられる可能性があるということです。事業者は「契約に基づいて退居いただくことがある」と言うのが前提ですから、途中退居を求められても、その入居一時金が全額戻ってくる訳ではありません。

また、権利が法的に守られていないため、事業者が倒産した場合、借家権と比較するとその違いは歴然としています。賃貸住宅の借家権の場合、事業主（つまり大家）が代わっても、借家権は引き続き主張できますが、有料老人ホームの利用権は契約した事業者が倒産すれば消滅してしまいます。Ｍ＆Ａ等で経営者が変わって事業が継続されても同様です。新事業者に追加一時金を求められたり、サービス内容が低下したり、退居を求められても従前の利用権は主張できません。

更に、価格設定や返還金の計算根拠が不明瞭で事業者によって大きく違うということもトラブル増加に拍車をかけています。

先ほどの図４・１で、償却期間が5年で、３年で退居した場合、２年分が戻ってくるという説明をしました。しかし、この返還金の計算方法は、その老人ホームによって大きく違います。例えば、初期償却と言って、入居時に50％（計算例では２５０万円）が償却されたり、償却方法が毎月の定額償却ではなく、定率で計算されるところもあります。そのため、１ヵ月、２ヵ月しか生活していなくても、支払った金額の半分程度しか戻ってこないところもあります。

入居一時金の金額は下ったとはいえ、数百万円の高額な支払いが必要であることは変わりません。厚労省は、問題が大きいとして、入居契約後90日以内に退居した場合は、全額返還することを求めていますが、罰則規定がないため、徹底されている訳ではありません。特に「サービスの質が悪い」「説明を受けたサービス内容と違う」といった理由で退居する場合や、「他の入居者とトラブルが多いと事業者から退居を促された」といった場合に、返還額が少なければ、入居者・家族は納得できるものではないでしょう。

民間の営利事業ですから、長期的に見れば、価格設定については市場の判断によって決定されるものかもしれません。ただ、この価格システムでは、一度入居すると「お客様」であるはずの、入居者や家族が弱い立場に立たされ、不透明な運営やサービス提供が行われても、退居を求められると困るので言い出せないということになります。

この「曖昧な利用権」を「高額な入居一時金」で購入するという価格・権利システムは、有料老人ホームの社会性、重要性、居住の安定性を考えると、非常に大きな問題があるのです。

3　しのびよる長期入居リスク

この有料老人ホームの利用権・入居一時金という価格設定方法は、入居者・家族にとって大きなリスクがあります。しかし、事業者にとってもメリットばかりではありません。この価格設定方法は、経営を不安定にする要素が含まれています。それは入居者の償却期間を超える長期入居です。

述べたように、この入居一時金は、一般的には「金額・償却期間・終身利用権」がセットで設定されており、「償却期間内の利用料の前払い」という側面と「終身利用権の購入」の二つの意味を持っています。終身利用権という言葉は使われなくなりましたが、契約内容は何も変わっていません。

表4・1　長期入居リスク
——入居一時金500万円、償却期間5年の場合の利用権収入低下の事例——

	償却期間内の入居者数（人）	償却期間を超えた入居者数（人）	入居者数計（人）	当年度の利用権収入（万円）
1年目	50	0	50	5000
2年目	50	0	50	5000
3年目	50	0	50	5000
4年目	50	0	50	5000
5年目	50	0	50	5000
6年目	30	20	50	3000
7年目	30	20	50	3000
8年目	20	30	50	2000
9年目	20	30	50	2000
10年目	20	30	50	2000

「入居一時金500万円、償却期間5年、終身利用権有」とすると、500万円は5年間の利用権の前払いとなり、3年で退居した場合、残りの2年分の200万円が返金されることになります。一方、5年以上入居した場合は、償却期間を超えることになりますが、入居一時金を支払うことによって、終身利用できる権利を同時に購入しているため、追加費用は必要ありません。「償却期間を超えても追加費用が必要ない」というのは、入居者にとってはメリットです。述べたように、長生きしても支払が増えないように保険の役割を果たしているともいえます。

しかし、これを逆に事業者サイドから見れば、入居者が設定した償却期間を超えて長生きした場合、償却期間を超えた部分の利用権料（家賃相当）を免除しているということになります。

その収支例を示したものが表4・1です。例では平均50名の入居者が入居していると仮定しています。

ただ、償却期間内で退居する人もいますので、毎年、入居者は入れ替わっており、初年度から入居している人も、4年目から入居している人もいます。それでも、5年目までは、すべての入居者の入居期間は5年未満ですから、各年度の利用権料として償却される収入額は5000万円（500万円÷5年×50人）となります。

しかし、6年目に入ると、償却期間は5年ですから、初年度から入居している高齢者は、入居一時金の償却が終了します。表4・1のように、償却期間を超えて長期入居する高齢者（つまり一年目から入居している高齢者）が20人いると仮定すると、利用権収入は30人分のみ、3000万円（500万円÷5年×30人）となり、当該年度の収入は2000万円のマイナスとなります。その他の収支は変わらないため、収入が減るだけでなく、そのまま利益が減るということです。入居一時金経営では、入居者は償却期間内で退居し、新しい入居者が入ってくるというのが理想で、設定した償却期間を超えて長生きして入居し続ける高齢者が多くなると、収益が悪化するのです。

これを「長期入居リスク」と呼んでいます。

「長期入居リスクを考えに入れて一時金を決めている」と言う経営者も多く、また短期間で償却した方が利益は高くなると考えている人は多いようですが、実際はそう単純ではありません。確かに、長期入居リスクに対する保険がかかっている分（入居者からみれば、長生きすることによって総支払額が大きくなるというリスクが軽減される分）、償却期間内の利用権料は割高となっており、償却期間内で退居した場合、償却期間（上記例では５年）の間は利益が高くなるのですが、その40％は税金として徴収されます。客観的に見れば、税金を支払って、長期入居リスクを繰延べしているにすぎないのです。

4 「開設ありき」で高まる長期入居リスク

問題は、長期入居リスクがどの程度まで検討・ヘッジされているのかということです。

入居一時金の償却期間は、利用料（家賃相当）の前払いという性格上、対象となる入居者の平均余命を勘案しながら設定されます。介護保険制度までの有料老人ホームは、悠々自適な生活を満喫する元気な高齢者を対象としていたため、60～70歳代と比較的若い高齢者が多いことから、償却期間は15年程度と長く設定されていました。これに対して介護付有料老人ホームは、対象者が要介護高齢者であること、80歳以上の入居者が中心になると想定して、償却期間は５年～８年程度と短く設定しているところが多くなっています。

長期入居リスクを小さくするためには、この償却期間の設定が実際の入居者の平均入居期間とバランスが取れているということが重要です。しかし、残念ながら全体として見た場合、バランスを欠いていると言わざるを得ません。

表4・2　主な年齢の平均余命と予想死亡年齢

	男		女	
年齢（歳）	平均余命（年）	予想死亡年（歳）	平均余命（年）	予想死亡年（歳）
60	22.17	82.17	27.74	87.74
65	18.21	83.21	23.28	88.28
70	14.51	84.51	18.98	88.98
75	11.23	86.23	14.93	89.93
80	8.39	88.39	11.23	91.23
85	6.07	91.07	8.10	93.10
90	4.36	94.36	5.69	95.69
95	3.21	98.21	4.02	99.02
100	2.41	102.41	2.96	102.96

「平成16年（2004年）簡易生命表」厚生労働省

それは、想定よりも軽度要介護高齢者が多いからです。

先にも述べたように、厚労省の介護給付費実態調査によれば、現在の介護付有料老人ホームでは、要介護2までの入居者が全体の57％を占めています。当然、個々のホームによって入居者割合は違うため、一律に論じることはできず、また要介護度だけで年齢や入居期間を割り出すことはできません。しかし、要介護3以上の高齢者が全体の85％、要介護4～5といった重度要介護高齢者が64％の特別養護老人ホームでも、四人に一人の入所者は入所期間が5年を超えていることを考えると、5年程度の償却期間では、長期入居の高齢者が増えるであろうことは想像に難くありません。

実際、日本人の八五歳時の平均余命（あと何年生きているか）は、男性で六年、女性で八年以上となっています（表4・2）。

表4・3　有料老人ホームの入居一時金、償却期間、利用権料

	入居一時金	償却期間	1年間の利用権料
Aホーム	600万円	5年	120万円
Bホーム	600万円	10年	60万円
Cホーム	1200万円	10年	120万円

入居一時金 ÷ 償却期間（年）＝1年間の利用権料

この償却期間と入居期間のバランスを阻害している理由は二つあります。

一つは、基準配置程度の低価格の介護付有料老人ホームです。前節で述べたように、一般型特定施設の基準程度の介護スタッフ配置では、入居者の重度化や医療依存度の高い高齢者に対応できません。そのため、入居者選定にあたっては、軽度要介護高齢者が優先されることになります。重度化対応が難しいということは、住宅型有料老人ホームでも同じです。

「開設ありき」で立てられた事業計画を見ると、償却期間内に入居者が退居して、また新しい入居者が入ってくるということが前提となっています。そのために、高い利益率が確保できるかのような計画になっているのですが、その一方で、「長期入居の高齢者が増えると収支が悪化する」というリスクの存在は検討されていません。そのため、実際に運営が始まると、介護の手のかからない軽度要介護高齢者が優先されているのです。それは、いずれ「長期入居リスク」となって跳ね返ることになります。

もう一つは、低価格化です。

利用料は家賃相当額ですから、土地取得費、建設費等の不動産取得価格（又は賃借料）を基礎として算定されます。入居一時金の金額は償却期間内の利用料の前払いという性格上、償却期間と入居一時金には相関関係があります。

６００万円の入居一時金を設定するとして、償却期間が5年の場合、一年間の利用権料（家賃相当）は１２０万円（月額10万円）となりますが、償却期間が10年とすると、一年間の利用権料は60万円（月額5万円）となってしまいます。同じ額（月額10万円）の利用権料を得るためには、一時金は１２００万円にしなければなりません（表４・３）。

つまり、事業シミュレーションを検討する場合、償却期間を長くすると入居一時金は高額となり、償却期間を短くすると低く見積もることができるのです。介護保険制度前の元気な高齢者を対象とした有料老人ホームの入居一時金が高額だったのは、建物の仕様の違いもあるのですが、償却期間が長期に設定されていたという要因もあるのです。

しかし、入居一時金を低くするために、償却期間を短くすると、長期入居リスクは高くなります。価格設定において、入居一時金を低く抑えようというインセンティブが強く働いたことによって、この長期入居リスクの検討が十分に行われていない、またリスクを軽く見積もるという結果になっているのです。

5　商品性の変化によって高まる長期入居リスク

英会話学校最大手のＮＯＶＡが倒産し、働いていた外国人講師に対する賃金の未払いや、受講料を払い込んだ利用者に対する受講保証等が大きな社会問題となりました。一部地域では事業を引き継いだ企業が外国人講師を再雇用し授業を再開していますが、６００億円に上るとされている先払いされた受講料はほとんど戻ってきません。他にも、英会話学校や資格学校等の経営悪化が伝えられますが、倒産・事業閉鎖は言うまでもなく、事業が他社に引き継がれても受講できる権利は保証されないケースがほとんどです。

サービスの内容は違いますが、将来提供するサービスの費用を前払いしてもらい、その資金を活用して経営するというシステムは、有料老人ホームの入居一時金制度も同じです。

ただこの入居一時金という特殊な価格設定は、介護保険制度以前の有料老人ホームにおいても行われていたものです。

介護保険制度までの元気な高齢者を対象とした悠々自適型の有料老人ホームでは、入金された高額な入居一時金を土地や建物の借入返済に充て、金利負担を減らすという経営手法がとられていました。どちらかと言えば、分譲マンションの経営形態に近いものです。

法的には問題なくても、この手法は健全なものだとは言えません。有料老人ホームは、利用するサービスではなく、高齢者の生活の基盤となるサービスです。入居一時金は数百万円～数千万円と高額で、自宅を処分して、入居している高齢者も少なくありません。倒産などで、事業継続が困難となった場合、権利が曖昧なため、住みつづけられなくなるのは言うまでもなく、償却期間内で返還されるべきお金も戻ってこないことになります。その後の入居者・家族の生活に与える負担・ダメージは計り知れません。

しかし、これまで有料老人ホームの倒産は、それほど多くはありませんでした。

介護保険制度前の有料老人ホームは、一部の富裕層を対象として商品設計されたものが多く、広く豪華なエントランス、共用娯楽施設などが整備されており、入居一時金は数千万円以上と非常に高額なものが中心でした。また、基本的に身の回りの生活が自立した高齢者を対象としていたため、生活サポートサービスは、緊急対応、フロントサービス等の間接的・受動的なサービスが行われていました。

これを事業収支の観点から見ると、住居サービスに係る高額の入居一時金収入の割合が大きく、生活サポートサービスに係る支出は小さいということが言えます。実際の経営を考えると、ある程度の入居者が集まれば、高額な一時金によるキャッシュフローは潤沢であり、運転資金が不足して短期間で倒産するという可能性は低くなります。加えて、夫婦での入居や、元気な高齢者が中心となるため、10年～15年と長期入居となる割合が高く、ある程度、途中返却に必要な資金を算定することが可能です。そのため、その潤沢な資金を建設費用の返済に充当し、借入利息を軽減するという経営手法が可能だったのです。

しかし、介護保険制度以降に急増している要介護高齢者を対象とした介護付有料老人ホームでは、このバランスは逆転します。居室はそれぞれに玄関が独立しているものではなく、20平方メートル程度のワンルームタイプが多く、入居一時金は５００万円程度と低価格に抑えられています。逆に、実際の運営に係る生活サポートサービスは、介護・看護サービスを中心として、雇用するスタッフ数も増え、支出に占める割合が高くなっています。

そのため、入居者がある程度集まっていても、キャッシュフローはそれほど潤沢ではなく、逆にスタッフ不足・人件費高騰によって、実際の事業運営において数年赤字が続くと、キャッシュフローは短期間で食いつぶされることになります。加えて、対象が要介護高齢者であることから、長期入院や容体が急変し、お亡くなりになることも多く、途中返却に必要な資金を事前に算定することは難しくなっています。

つまり、介護保険制度前の元気な高齢者を対象とした高額の有料老人ホームでは、入居一時金の潤沢なキャッシュフローを経営に最大限に生かすことが可能だったのですが、介護保険制度以降では、商品内容の変化によって、そのメリットは非常に小さくなっているのです。

この問題に対応するため、２００６年の有料老人ホームの制度改定で、この前受け金となる入居一時金について保全義務が新たに定められました。入居者保護のために、事業者が倒産しても、未償却部分（つまり生活していない日数分）については５００万円を上限として入居者に返金できるようにしたものです。

ただ、この保全義務が義務化されたのは、２００６年４月以降に開設される有料老人ホームだけで、それ以前に開設されたものについては、努力義務に留まっています。２００６年以前から運営してきた老人ホームにまで遡及し義務化することは、法的には難しいと言う側面もあるのですが、実際は、すでに資金が流用されており、実質的に保全できない事業者が多いからだと考えるのは、間違っていないでしょう。

6　決算書に現れない長期入居リスク

現在の状況をもう一度、整理しておきましょう。

入居一時金は「償却期間内の利用権料（家賃）の前払い」ですが、多くの経営者が、「長期入居リスクを考えて入居一時金を決めている」というように、月々の利用権料として考えるとかなり割高です。それは、償却期間を超えて入居する高齢者の保険料が含まれているからです。ですから入居一時金を設定している有料老人ホームの償却期間内の収支は、ある程度入居者が集まっていれば、利益が出ていますし、キャッシュフローも不足しません。

ただし、その利益は、長期入居リスクに対する保険料ですし、全額、内部留保できる訳ではなく、40％は税金として支払わなければなりません。また、残っているキャッシュフローの中身は、これまでの利益の積み重ねとして資産に組み込まれるものではなく、バランスシート上は、入居者が途中退居する場合に返還しなければならない負債に属するお金です。

そして、最大の問題は、この決算書には肝心の「長期入居リスク」はどこにも現れないということです。この長期入居リスクは、言い換えれば「どれだけ入居者が長生きするか」であり、それを数値にすることはできないからです。「介護サービス事業の中で唯一利益がでているのが有料老人ホーム」と言われていますが、その利益率は、長期入居リスクが顕在化しない償却期間内だけの利益率で、それが当該有料老人ホームの実力を示しているものではないのです。

最近は、決算書を公開する有料老人ホームも多くなっており、情報開示という面からは、素晴らしいことだと思います。しかし、入居一時金という価格システムを採っている以上、「償却期間の設定」「初期償却期の金額」「償却方法」によって、その期の収支は大きく変動しますし、それと同時に長期入居リスクも変化します。

倒産しない有料老人ホームを見分ける方法として、「入居率80％を超えると安定している」「連続三期以上黒字」と言われていますが、入居一時金方式の経営を行っている場合、償却期間内の数字は確実なものではありません。入居一時金の設定が実際の入居者と乖離している場合、入居率が１００％でも、潰れる有料老人ホームは出てきます。それほど、この長期入居リスクは恐ろしいのです。

介護保険制度発足後、低価格の有料老人ホームが急増したのが２００３年前後だということを考えると、この2〜3年間の間に当初の償却期間が終了します。この時限爆弾は、爆発するときが迫っていますが、顕在化するまで決算書にも現れないサイレントリスクなのです。

実際、入居率が低く、人件費が高騰していても、経営悪化が表面化している有料老人ホームは、それほど増えていません。言い換えれば、入居者に返金されるべき前受金を転用しながら運営が続けられている老人ホームが多いということです。しかし、償却期間が過ぎると同時に長期入居リスクによって経営が逼迫し、ある日突然、資金ショートし、倒産することになります。

それは、同時に、利用権がご破算になるということ、そして、多くの高齢者が行き場を失うということです。

第5章　入居者保護施策の不備

1　高齢者無届施設——火災事故の背景にあるもの——

２００９年3月、群馬県渋川市の高齢者が生活していた「静養ホームたまゆら」で夜間に火災が発生、10人の入居者が亡くなられたというニュースが大きく報道されました。建築確認を行わないまま増改築を繰り返した違法建築、消防法の問題、有料老人ホームとしての無届け、徘徊防止の施錠棒による逃げ遅れなど、様々な問題が指摘されています。人災ともいうべき悲惨な事件ですが、行政を含め、ほとんどの関係者は、「起こるべくして起こった事件」だと考えているはずです。

当該ＮＰＯ法人の理事長が突出して不正や問題を抱えていたわけではなく、同じように高齢者を集めて生活させている施設が全国に数多く存在していること、火災によってその一つの問題が表面化しただけだということは、周知の事実だからです。

マスコミ等では、「老人施設」とされていますが、制度的には「有料老人ホーム」に属するものです。必要な届け出をしていないため「有料老人ホーム無届施設」、略して「無届施設」と呼ばれています。同じ無届施設で、数年前には、千葉県でも廃院となった病院に高齢者を集め、動けないように身体抑制をしたり、手錠をかけたり檻に入れたりといった高齢者虐待事件が発覚しています。事件の内容や背景は違うものの、その原因は同じです。行政や第三者による監査やチェックが全く行われていないということです。

老人ホーム・高齢者住宅は、社会性・公益性が高く、生活の根本となる事業です。その経営が社会福祉法人であっても、民間企業であっても、行政や第三者の監査やチェックは不可欠です。

特別養護老人ホームや児童養護施設など、生活の場を提供する入所施設は第一種社会福祉事業として、社会福祉法人や市町村などの一部の公益法人にしか認められていません。その開設や運営については厳しい基準が求められており、定期的な立ち入り検査が行われています。不透明なサービス提供や運営が行われれば、入所者の生活に大きな影響を与えることになるからです。第二種社会福祉事業であるデイサービスやホームヘルプサービスは、介護保険制度で民間企業の参入が解禁されましたが、特別養護老人ホーム、養護老人ホーム等、これら第一種社会福祉施設には、現在でも営利企業が参入することは認められていません。

有料老人ホームや高専賃等の入居者に、社会的弱者という言葉は相応しくないかもしれませんが、要介護高齢者の場合、麻痺や認知能力の低下等、なんらかの身体上の障害によって、他人から一定の介護や支援を受けなければ生活できないと言う点では同じです。特別養護老人ホームが絶対的に不足している中では、有料老人ホームなどの高齢者住宅に一度入居すると、本来お客様であるはずの入居者が弱い立場に立たされることが多く、トラブルやクレームがあっても「入居している親が嫌な思いをするのではないか」「退居を求められると行き場がない」と言い出せないということになります。

また、入居者やスタッフが限られてしまう住宅・施設という性格上、経営は閉鎖的になりがちです。高齢者は判断力や行動力が低下することから、住居内でどのようなサービスが行われているかは外からはわかりません。身体拘束や人権侵害が行われても、職員や従業員による「内部告発」が行われない限り、表面化することは稀です。

第三者による最低限のチェック機能がないと、必ずサービスは低下していきます。

高齢者住宅には、「介護＝福祉」というイメージが強く、社会的にも法律や制度に則っていなくても、「困っている人がいるからやっている」「正しいことをやっている」「入居者には感謝されている」と正当化する雰囲気があります。

高邁な思想、社会的使命でスタートさせても、その内容がチェックされないと、経営やサービスは、楽なほうに流れていきます。そのため、「外に出ると危ないから」と出られないように施錠をしたり、「転倒すると危ないから」「人が足りないから」と、安易に入居者をベッドにくくり付けたり、手錠をしたりいうことが、罪悪感もなく日常的に行われてしまうのです。

先の数年前の千葉県のケースでは、マスコミに大きく取り上げられたため、厚労省は緊急点検や届け出強化を各都道府県に指示しましたが、結局は掛け声だけで、現在でも無届施設は増え続けています。この無届施設は、老人福祉法上、罰則規定のある法律違反なのですが、「静養ホームたまゆら」には、東京の墨田区から入居者が紹介されて入居していたということも問題となっています。

恐らく今回も、マスコミが騒がなくなれば、千葉県のケースと同じように掛け声だけになり、何度も同じようなことで、何人もの高齢者が犠牲になるでしょう。それは、民間の高齢者住宅・老人ホームをどのようにチェック・指導していくのかが、省庁間や国と地方の責任の押し付け合いに終始し、制度的にも体制的にも統一して考えられていないからです。

現在の老人ホームや高齢者住宅の監査・チェック体制はどのようになっているのか、なぜこのような状況になっているのか、問題点を整理しておきます。

2 有料老人ホームとは何か

有料老人ホームは、老人福祉法に規定された厚労省が管轄する施設です。同法29条の中で、定義されており、それを整理すると以下のようになります（厚生労働省「有料老人ホームに関するQ＆A」より）。

①　高齢者を入居させ、食事・介護・家事援助・健康管理いずれかのサービスを提供している事業（外部委託してサービス提供しているものも含む）。
②　老人福祉施設・認知症高齢者グループホームではないこと。
③　一定の基準に適合する高齢者専用賃貸住宅でないこと（その他厚生省令で定めるもの）。
④　所有権を移転する分譲方式ではないこと。

この定義の通り、有料老人ホームとは、食事や介護を行っている老人ホーム・高齢者住宅で、老人福祉施設やグループホーム等の他の制度によるもの以外の総称です。福祉施設以外の一般の営利事業であっても、高齢者の生活の基礎となる事業であることから、行政が一定の基準を示し、届け出を義務付けることによって、行政調査・指導権限のもとで、入居者や入居希望者の保護を図るというのが法の趣旨です。

「有料老人ホーム設置運営指導指針」の項目

①　基本的事項（届け出義務等）

② 設置主体
③ 立地条件（地域環境等）
④ 規模・構造（共用設備等）
⑤ 職員配置（職員の種類と配置）
⑥ 老人ホームの管理・運営方法
⑦ サービス内容
⑧ 事業収支計画の策定・届け出・見直し
⑨ 利用料（利用料徴収・前払い保全等）
⑩ 契約内容（契約書・重要事項説明書）
⑪ 情報開示（情報開示の徹底）

この一定の基準が「有料老人ホーム設置運営標準指導指針」（以下、指導指針）です。有料老人ホームの新規開設にあたっては、この指導指針を基礎とした事前協議を行う必要があります。この指導指針は、建物や設備基準だけでなく、スタッフ配置基準から、施設の管理運営方法、サービス内容、契約内容、情報開示の方法まで、細かく規定されています。

この指導指針の性格として、２００２年に次のような局長通知がなされています。

標準指導指針の性格（平成14年7月、厚生労働省老健局長通知）

有料老人ホームは民間の活力と創意工夫により高齢者の多様なニーズに応えていくことが求められるものであり、一律の規制には馴染まない面もあるが、一方高齢者が長年にわたり生活する場であり、入居者の側からも介護を始めとするサービスに対する期待が大きいこと、入居にあたり高額の一時金を支払う場合が多いことから、行政としても、サービス水準の確保等のため十分の指導を行う必要がある。特に、有料老人ホーム事業は、施設設置者と入居者との契約が基本となることから、契約の締結及び履行に必要な情報が、入居者に対して十分提供されることが重要である。

また、２００６年には、「帳簿保存及び情報開示の義務」「家賃等の前払金（入居一時金）の保全義務」「立入検査・改善命令の公表」等、入居者保護を進めるために、老人福祉法が改正されています。

介護保険制度までの有料老人ホームは、一部の富裕層を対象とした商品であり、悠々自適な生活を送るための自立した高齢者の住宅であったため、行政サイドとしても「一律の規制はなじまない」として、詐欺行為等、よほど目に余るケース以外は、立入り調査・改善命令といった対処はしてこなかったという経緯があります。しかし、有料老人ホームの誇大広告が氾濫し、契約トラブルも急増したことから、「定期的な立入調査も含めて踏み込んで監査・監督する」

という立場に変化しているのです。

3　無届施設が氾濫する理由

問題は、このような法整備は整っていても、それが全く機能していないということです。

一つは無届施設の存在です。これには有料老人ホームの歴史も関係しています。

有料老人ホームは昭和30年代からある古い制度ですが、2006年に法律が改正されるまでは、①10名以上の高齢者が入居している、②食事を提供している、という2点の基準を同時に満たすもののみが有料老人ホームとして届け出を義務付けられていました。

しかし、介護保険制度の発足によって、食事を外部委託したり、人数を9名単位にしたりと制度逃れの施設が急増します。中には、劣悪な環境に入居者を閉じ込め、系列の訪問介護等のサービスを限度額まで利用させ、不当に介護報酬を請求するなどの事業者が現れることになります。そのため、2006年4月に定義の改正が行われ、高齢者を入居させ、食事・介護・家事援助・健康管理いずれかのサービスを提供している住宅は、他制度にかかるもの、分譲形式のものを除き、すべて届け出が義務付けられることになったのです。

しかし、ここで問題がでます。

「有料老人ホーム設置運営指導指針」という、細かく規定された基準に基づいて開設された有料老人ホームと、全く基準もなく運営されている有料老人ホームができることになるからです。

厚労省は、改正された法律に基づいて届け出強化を指示します。「届け出」がなければ、老人福祉法に基づいて指導・監査することができません。当該指導指針の基準に全く合致していないものも、まずは届け出を優先させ、その上で問題があれば、しっかり指導していくと言う立場です。

しかし、実際に指導・監督する都道府県は違います。

「有料老人ホームは指導指針に基づいて開設・運営されるもの。利用者に誤解を与えるのではないか」「届け出によって悪徳業者にまでお墨付きを与えてしまう」「指針に沿って優良な老人ホームのみを届け出させる方針」等と、意見は対立します。

この指導・監査の責任は、都道府県にあります。承知で違法建築物を建て、手錠・檻まで購入しているような事業者に届け出させても、まともなホームとはレベルがあまりにも違いすぎ、定期的な指導や監査だけで簡単に改善できるようなものではありません。その中で問題が発生すれば、責任問題が降りかかってきます。「静養ホームたまゆら」のような問題が起こると「事業者から届け出してもらわないと打つ手がない」と言っていますが、実際は、「届け出してほしくない」「国の施策変更の問題をこちらにまわすな」と考えている担当者も多いはずです。

また、事業者サイドも、問題があることがわかっているので、届け出によって、調査や改善指導が行われることを嫌います。「高齢者だけを対象としていない」「食事等は外部の事業者がおこなっているもので関知していない」と、有料老人ホームではないとして規制を逃れようとしています。今回、火災を起こしたNPO法人の理事長も、「50歳代の入居者がいたから届け出をしなかった」と言っています。

つまり、「届け出」に積極的でない都道府県と、届け出したくない事業者の利害は、はからずも一致しているのです。

もう一つは人員体制の不備です。

2006年に『日本シニアリビング新聞』が都道府県を対象におこなった調査によると、各都道府県の有料老人ホームの担当者は、1~2名程度で、しかも他の業務も兼ねていることが多く、「介護保険の改正」「新規有料老人ホームの開設指導」等で忙殺され、無届施設の届け出まで手が廻らないといった意見が大半だとしています。

先に虐待問題が発覚した千葉県等、一部の都道府県では、積極的に事業者に対して、届け出を促しているところもありますが、厚労省が行った調査によると、この無届施設は、2007年2月では377ヵ所だったのが、2009年3月には現在は579ヵ所と、逆に200ヵ所も増えています。

更に、この体制不足は、「無届施設の届け出」だけでなく、「新規有料老人ホームの開設指導」「運営中の有料老人ホームの監査」も十分にできていないということにもつながっています。

総務省が２００８年9月に出した「介護保険事業等に関する行政評価・監視（評価・監視結果に基づく勧告）」によれば、22都道府県について、２００６年度における立入検査の実施状況を確認したところ、立入検査が未実施、又は計画的に実施されていないものが7都道府県に上るとしています。また、総務省が独自に行った有料老人ホーム77施設への立入調査に対し、19施設で重要事項説明書が未作成等、規定が遵守されておらず、うち17施設に対しては立入調査が行われていない、また残りの2施設は調査が行われたにもかかわらず、問題が指摘されていないとの報告がなされています。担当外の総務省の単発的な指導・監査にすら及ばないのです。

公正取引委員会からの警告や排除命令、国民生活センターへの相談件数等を見ても、それは明らかです。「24時間看護師が常駐するように表示しているが、実際は、ほとんどの日で看護師が夜間勤務していない」「夜間介護職員8名、看護師2名と表示しているが、介護職員2名、看護師は1名又は配置していない日もある」と、最低限のことすら守られておらず、法整備ができていても、担当外の総務省や公正取引委員会に指摘されるまで、何も把握・確認できていないというのが実情なのです。

国は有料老人ホームの「届け出強化」「指導強化」を打ち出し、都道府県は「体制が整わない」「それは無理」と押し返しています。現状、有料老人ホームの入居者保護は、「絵に書いた餅」にすぎないのです。

4　高専賃とは何か

高齢者住宅の入居者保護施策の不備は、国と地方行政の歪みに加え、制度間・省庁間の歪みも拡大しています。

高齢者住宅のもう一つの制度は、国交省の管轄する「高齢者専用賃貸住宅」（高専賃）です。この制度は、２００１年に施行された「高齢者の居住の安定確保に関する法律」（以下、高齢者居住安定確保法）を基礎としており、住居を求める高齢者への情報提供を目的としています。

この法律が制定された背景には、高齢者は一般の賃貸アパートや賃貸マンションを借りるのが難しいという現実があります。特に独居高齢者は、認知症や孤独死などのトラブルから敬遠されており、新しい住居を見つけることは簡単ではありません。そこで、高齢者の住宅探しを支援するために、「高齢者の入居を拒まない賃貸住宅」の登録制度を都道府県単位で作ることになりました。これがスタートです。

高齢者の居住を拒まないとして登録されているものを「高齢者円滑入居賃貸住宅」、その中で「高齢者専用の賃貸住宅」として登録されたものを高齢者専用賃貸住宅（高専賃）と言います。これらは、高齢者が住居を探しやすいように、単に「高齢者を拒みませんよ」「高齢者専用の賃貸住宅ですよ」と登録された賃貸住宅を指すもので、「これが高専賃だ」と建物や設備、運営内容について一定の基準を設定している制度ではありません。

このように有料老人ホームと高専賃は、その成り立ちも、目的も全く違う制度です。しかし、この問題を複雑にしたのが、「一定水準の高専賃」の登場です。

２００６年の有料老人ホームの定義変更は、届け出制度を悪用した類似施設の廃止を念頭に置いたものなのですが、それと平行して、有料老人ホームに該当しないものが明確にされました。その中で、老人福祉施設（特別養護老人ホーム）や認知症高齢者グループホーム等に加えて、高専賃の中で一定水準を満たすものは、有料老人ホームの届け出の対象外とされたのです（表5・1）。


一定の居住水準を満たす高齢者専用賃貸住宅（告示第２６４号）
① 住戸面積が２５平方メートル（居間・食堂・台所等が共同利用のため十分な面積を有する場合は１８平方メートル）以上。
② 原則として、住戸内に台所・便所・収納設備・洗面設備及び浴室を有していること。
③ 前払い家賃を徴収する場合は、保全措置が講じられていること。
④ 介護の提供・食事の提供、洗濯・掃除等の家事、健康管理のいずれかのサービスを提供していること。

表5・1　高専賃の「有料老人ホーム」届け出義務

		高専賃の登録	
		あり	なし
一定水準を	満たす	届け出必要なし	届け出必要
	満たさない	届け出必要	届け出必要

これによって、この「一定水準の高専賃」が急増することになります。

ポイントは大きく分けると二つあります。

一つは、有料老人ホームにくらべて行政関与が少なく、基準が非常にゆるいということです。

述べたように、有料老人ホーム制度の目的は劣悪な業者を排除し、良好な居住環境を確保・維持させるという入居者保護にあります。建物・設備・スタッフ配置・運営方法などの最低基準を示した「有料老人ホーム設置運営標準指導指針」が定められており、新しく開設・運営する場合、この指針に基づき事前に協議を重ね、行政指導を受けながら計画を進めなければなりません。廊下幅やスタッフルーム、食堂等、居室以外の設備も必要になりますし、情報開示や重要事項説明書といった様々な資料の作成等が求められ、開設後も行政による定期的な監査・指導が行われることになります。

これに対して、述べたように高専賃の基本は「高齢者専用の賃貸住宅ですよ」と広報・情報提供するための制度ですから、登録にあたって特別な審査や協議は必要なく、また細かな運営規定もなく、登録用紙に記入するだけで自動的に登録されます。行政にお伺いをたてる必要がなく、事業者のスピード・論理だけで開設できるということになります。

もう一つのポイントは、特定施設入居者生活介護の指定を受けることができるようになったということです。

この「一定水準を満たす高専賃」は、２００６年に、老人福祉法の改正によって、有料老人ホームの届け出が不要になっただけでなく、同年の介護保険制度の改正の中で、有料老人ホーム、ケアハウスに限られていた特定施設入居者生活介護（一般型・外部サービス利用型双方）の指定対象に含まれるようになりました。

介護付有料老人ホームのように、事業者の責任で介護サービスが提供できる「介護付高専賃」と言うべきものであり、重度要介護高齢者に対する住居としての道も開かれたのです。

このように、一定水準の高専賃は「新規開設のし易さ」という側面から見た場合、事業者の利益に合致すること、また特定施設入居者生活介護の指定を受けることができることから、要介護高齢者を対象とした高専賃も可能です。加えて医療法人は、有料老人ホームだけでなく、「一定水準を満たす高専賃」も運営することが認められるようになりました。そのため、「これからは高専賃の時代」「有料老人ホームから高専賃へ」というイメージで捉えている人が増えているのです。

5　高専賃の登場で空洞化する入居者保護制度

高専賃は、そもそも質の確保や入居者保護ではなく「広報」を目的とした制度なのですが、問題は「一定水準の高専賃」の登場によって、実質的に有料老人ホームの届け出制度・入居者保護制度を有名無実化してしまったということです。

有料老人ホームに該当しない高専賃については、簡単に参入できるため、より事業ノウハウの乏しい業者が大量参入する大きな穴を空けたに等しく、入居者保護を放棄したと言わざるを得ません。

表5・1で示したように「一定水準を満たす高専賃」の場合は、食事を提供しても有料老人ホームの届け出が必要ありませんが、「一定水準を満たさない高専賃」では、食事を提供する場合、有料老人ホームの届け出が必要です。ただ、「一定水準か否か」「届け出が必要か否か」という判断は、実質的に事業者にまかされており、それをチェックする機能は行政にはありません。「高専賃の無届施設」として有料老人ホームの担当者の判断が求められますが、食事を提供している高専賃が一定水準を満たしているか否かを一つ一つ確認することは、体制的に現状不可能ですし、「高専賃の無届施設」の数字は先ほどの「無届施設」にはカウントされていません。

また、有料老人ホームを新規に開設する場合、「有料老人ホーム設置運営指導指針」に基づいて、建物・配置・運営方法・契約内容・情報開示等の基準を満たさなければなりませんが、高専賃の場合、「広報」の制度ですから、細かな規定はありません。自由に高専賃を計画して、開設後に「入居者の希望で食事を提供するようになったので有料老人ホームとして届け出します」と言えば、法的・制度的には問題ありません。入居者保護のために策定された「有料老人ホーム設置運営指導指針」は、実質的に全く意味のないものとなっているのです。

高専賃について、届け出を不要とした一つの理由を「借家権で入居者の権利が強いため」としていますが、要介護高齢者の場合、食事や介護等の生活サポートサービスが止まれば、その中で生活し続けることはできません。行き場がないため入居者が弱い立場に立たされやすいこと、契約に基づいてサービスが行われているか、人権侵害等が行われていないか等が外部からわかりにくいこと等は、有料老人ホームでも高専賃でも同じです。

所管の国交省や都道府県の担当窓口にこの点をたずねると、「高専賃はあくまで登録制度のため質を担保すべき立場にはない。質の問題は福祉施策で」という回答でしたが、ではなぜ、有料老人ホームと同じサービスが提供できる高専賃を立ち入り調査権がある有料老人ホームの届け出から外したのか、という説明にはなっていません。

また、「質の問題は福祉施策で」と言っても、有料老人ホームではありませんから、都道府県は同法に基づいた指導・監査はできません。介護保険法上の監査は、介護報酬上の不正がないか否かを監査するだけですから、「不透明な経営が行われていないか」「契約は守られているか」といった監査は行われません。現状、どういった基準で、この急増する「一定水準の高専賃」を調査・指導するのかという根拠となる法律・制度すら整えられていないのです。

財政的にも、増加し続ける需要に対応できるだけの特別養護老人ホームをつくり続けることは難しいということはわかります。高齢者のニーズが多様化しているということを考えれば、画一的な福祉施設だけでは対応できないでしょう。ただ、介護保険制度によって、これまで福祉施策が担っていた役割の一部を民間に委託し、要介護高齢者の住宅という超高齢社会に不可欠な社会インフラを作ろうとするのであれば、その安定的な発展や悪徳業者の排除については、他の一般商品以上に国や都道府県等の行政が、しっかりとその責任と役割を認識しなければならないはずです。

国と地方行政の歪み、国交省と厚労省の省庁間に歪みが拡大し、責任の押し付け合いが始まっています。最低限のチェックすら行わず、入居者保護を曖昧にし、「入居者の選択の自由」を前面に「入居者の選択責任」とすることはあまりにも無責任です。

第6章　見えない高齢者住宅と介護保険の方向性

1　膨張する社会保障費

日本の高齢化は、少子化とセットになっています。高齢者の増加とともに労働力人口は減少し、２００５年には現役世代（20～64歳）３人で１人の高齢者を支えているのが、２０３０年には、２人で１人、２０５０年には１・４人で１人の高齢者を支えることになります。これからの日本が直面するのは、急速に膨張する社会保障関係費の財政問題です。

２０００年の介護保険制度の発足以来、２００３年、２００６年の二回の介護報酬改定は、それぞれ▲２・３％、▲２・４％のマイナス改定だったのですが、全国的に介護スタッフ不足が深刻化する中で、２００９年の介護報酬改定は、初めて３％のプラス改定となりました。

表６・１　膨張する社会保障費――2025 年の医療・介護費用試算――

	現状（2007 年）	2025 年	
		ケースＡ（現状のまま推移）＊2	ケースＢ２（大胆な改革）＊3
医療・介護費用	41 兆円程度（ＧＤＰ比 7.9%）	85 兆円程度（ＧＤＰ比 10.8 ～ 10.9%）	91 ～ 93 兆円程度（ＧＤＰ比 11.6 ～ 11.9%）
急性期入院	80 万人	104 万人	87 万人
介護施設・療養病床	106 万人	205 万人	172 万人
居住系サービス利用者	25 万人	47 万人	68 万人
在宅介護	243 万人	408 万人	429 万人
介護職員＊1	117 万人	211 万人	255 万人
看護職員＊1	132 万人	169 ～ 176 万人	194 ～ 202 万人

＊１　「現状 (2007 年)」は職員数、「ケースＡ」「ケースＢ２」は必要職員数。
＊２　医療・介護等を改革しない場合を想定。
＊３　「大胆な改革」の要点として
・急性期医療の職員 100% 増（診療報酬単価 1.8 倍）
・急性期病床 67 万床（平均在院日数 10 日）
・亜急性期病床 44 万床（平均在院日数 60 日）
・居住系・在宅介護利用者 43 万人増

２００８年社会保障国民会議資料より抜粋

この介護報酬の改定は、三年毎に行われるものですが、その時々の政治情勢や社会環境に大きく影響されることになります。しかし、長期的に見た場合、このままプラス改定が続けられるほど、日本の介護保険財政・社会保障財政は豊かではありません。

政府は、２００８年10月の社会保障国民会議「サービス保障分科会」に、２０２５年の医療・介護費用の財政試算を提示しました。これは、将来的な医療・介護のサービス提供体制について、４つのケースを想定し、その実現に必要な費用を算定したものです（表６・１）。

それによると、２０２５年の医

療・介護費用は、２００７年の41兆円から2倍以上の85～95兆円になると想定されており、将来的には消費税換算で、３～４％の追加財源が必要になるとしています。

また、高齢社会を支えるための介護職員も、現在の１１７万人から２１１万～２５５万人と倍以上が必要になるとしています。現在、全国的に介護スタッフが慢性的に不足している状況を考えると、それを確保するのは、かなり厳しい数字だと言わざるを得ません。

超高齢社会で増えるのは、医療介護費用だけではありません。

厚労省が２００６年5月に示した「社会保障の給付と負担の見通し」では、年金も２００６年の47兆円から、２０１５年には59兆円、２０２５年には65兆円に上ると予想されています。

加えて、今後、急増が予想されるのが、高齢者の生活保護世帯です。

国立社会保障人口問題研究所から示された「生活保護に関する公式統計データ」（２００８年10月更新）によると、２００６年の全保護世帯１０７万世帯の内、44％の47万千世帯が高齢者被保護世帯となっています。１９７５年と比較すると、高齢者世帯の被保護世帯数は2倍を越えており、今後、被保護率の高い独居高齢者の増加によって、高齢の生活保護世帯が急増することはまちがいありません。

このような報告・ケース選択は、「消費税アップやむなし」という選択をさせるための資料で、実際、医療費予測などは、その時々に作られる資料によって、大きな開きがあるという意見も聞かれます。それでも、団塊の世代が高齢者になるのはこれからですから、今後、社会保障費が激しい勢いで膨張するということは、否定できないでしょう。

　これを補うために保険料アップや消費税増税等が検討されていますが、景気悪化の中でマイナス成長が続き、更なる消費の落ち込みや企業からの反対が予想されることから、簡単ではありません。また、現在でも国および地方の抱える借入金、政府保証債務等の残高は、1000兆円を超えるとされており、夕張市のような財政破綻する市町村が次々と増えることも危惧されています。

　全体として見た場合、楽観的な成長プランでも描けないほど、超高齢社会に向けた日本の社会保障財源確保・人材確保は、難しい状況にあるのです。

2　介護付有料老人ホームの財政的問題点

　超高齢社会を乗り切るには、財源・人材を確保するのと同時に、それを効率的・効果的に活用するという方法を考えなければなりません。その意味では、家族の介護がない場合、要介護高齢者がそれぞれの自宅で別々に生活しているよりも、有料老人ホームや高専賃で、集合的に生活しているほうが、移動時間が不要な分、効率的な介護サービスの提供が可能で、それは介護保険財政にとっても、効率的な運用が可能となるはずです。

　しかし、現在の介護保険制度と高齢者住宅の関係は、非効率で問題の多いものとなっており、有料老人ホーム等の増加は、介護保険財政悪化の要因だと考えられるまでになっています。

第３章で述べたように、現在の高齢者住宅に適用されている介護報酬は、一般型特定施設入居者生活介護（以下、一般型特定施設）と、区分支給限度額の二つがあり、これに加えて、２００６年の報酬改定で、外部サービス利用型特定施設入居者生活介護（以下　外部サービス利用型特定施設）が追加されています。介護保険財政面から見たそれぞれの問題点を整理しておきます。

まず、現在の介護付有料老人ホームに適用される、一般型特定施設です。

これは、その指定を受けた特定施設（有料老人ホーム等）の介護・看護スタッフから直接、介護サービスを受けるというもので、介護報酬は、利用者（入居者）の要介護度と入居日数によって算定されます。

介護保険制度の介護サービスは、入居者一人一人の状態・ニーズに合わせて、介護サービス計画（ケアプラン）が策定され、そのケアプランに基づいて提供されます。同じ要介護2の高齢者であっても、その入居者の身体状況（麻痺の場所や認知症）や希望によって、必要なサービス内容やサービス量は違ってきますが、要介護度別に一日の報酬単価が設定されており、同じ要介護度であれば、どれだけ介護サービスを受けても、どのような介護サービスを受けても、一日の介護報酬は同じです。これを日額包括算定方式と呼んでいます。

表6・2　一般型特定施設の報酬単価と介護報酬計算例

（単位）

	報酬日額	1ヵ月（30日）利用の場合
要支援1	203	6090
要支援2	469	14070
要介護1	571	17130
要介護2	641	19230
要介護3	711	21330
要介護4	780	23400
要介護5	851	25530

2009年4月からの新単価

例）要介護1の人が介護付有料老人ホーム（一般型）に1ヵ月（30日）入居した場合

要介護1の1ヵ月の介護報酬単価			17130単位	(A)
介護報酬	(A) × 10円（地区単価）	=	171300円	(B)
保険適用	(A) × 90%	=	154170円	
自己負担	(A) × 10%	=	17130円	

注）加算等については算定していない。

一日あたりの単価やスタッフ配置基準は違いますが、特別養護老人ホーム（介護福祉施設）や老人保健施設（介護保健施設）等と同じ方式です。介護報酬の一日当たりの単価は、要介護度が重くなるにつれて高くなります。

しかし、要介護高齢者であれば、要介護1でも要介護5でも、入居者3名に対して介護看護スタッフ1名という【3：1配置】は同じです。ですから、この一般型特定施設の介護報酬は、個別の介護サービスに対する報酬ではなく、事業者の介護看護スタッフ配置に対する報酬という側面が強くなります（表3・2参照）。

この方式では、必要な介護サービス量ではなく、スタッフ配置基準が算定基礎となるため、要介護度別の報酬に大きな差はつけられません。例えば、一般型特定施設の要介護1

の介護報酬は17130単位（30日計算）、要介護5は25530単位で、その差は1・5倍程度の差ですが（表6・2）、要介護1の高齢者は、排泄、食事、移動等、身の回りの生活はある程度自立しているのに対し、要介護5は、生活全般に渡って常時介護が必要となる状態で、重度の認知症や寝返りもできない寝たきりの高齢者です。実際に必要な介護サービス量は1・5倍どころではなく、どんなに少なく見積もっても、3〜4倍にはなるでしょう。

つまり、全体の介護報酬が高い低いという議論を別にすれば、この日額包括算定方式の場合、実際のサービス量と比較すると軽度要介護高齢者に厚く、重度要介護高齢者に薄い報酬体系となるということです。

そのため、事業者は介護報酬面から見ても、入居者選定にあたっては、軽度要介護高齢者を優先することになります。特に、指定基準配置程度の低価格の介護付有料老人ホームでは、重度要介護高齢者が多くなると対応できなくなりますから、その傾向がより強くなります。結果的に、現在の介護付有料老人ホームの入居者は、軽度要介護高齢者が多く、重度要介護の入居者が少ないという状態になっているのです。

しかし、この状態は、介護保険財政の効率利用という側面から見ると、好ましくありません。平均の区分支給限度額の利用割合と、一般型特定施設の単価の比較をしたのが表6・4です。

区分支給限度額方式では、自宅や住宅型有料老人ホームで生活している要介護1の高齢者が利用できる区分支給限度額は16580単位ですが、その単位を限度額として、実際の利用し

表6・3　区分支給限度額と介護報酬計算例

（単位）

	区分支給限度額（1ヶ月）
要支援1	4970
要支援2	10400
要介護1	16580
要介護2	19480
要介護3	26750
要介護4	30600
要介護5	35830

例）要介護１の人が自宅や住宅型有料老人ホームで１ヵ月（３０日）介護サービスを受ける場合

要介護1の1ヵ月の区分支給限度額					16580 単位	(A)
1ヵ月の利用サービス						
訪問介護	254 単位	×	8 回	=	2032 単位	
通所介護	665 単位	×	8 回	=	5320 単位	
訪問看護	425 単位	×	2 回	=	850 単位	
利用計					8202 単位	(B)

「(B) ＜ (A)」なので上乗せ負担は生じない。

介護報酬	(B) × 10円（地区単価）	=	82020 円	(C)
保険適用	(C) × 90%	=	73818 円	
自己負担	(C) × 10%	=	8202 円	

表６・４　介護報酬の制度間の歪み
——介護付・住宅型有料老人ホーム、在宅の要介護度別介護保険利用割合——

（単位）

		要支援1	要支援2	要介護1	要介護2	要介護3	要介護4	要介護5
一般型特定施設（介護付有料老人ホームなど）	日額包括算定方式による月額単位（A）＊1	6420	14820	16470	18480	20490	22500	24540
区分支給限度額(単位）①＊1		4970	10400	16580	19480	26750	30600	35830
区分支給限度額方式（全体）	平均利用率（%）②	46.8	39.6	39.9	46.6	49.1	55.0	56.3
	平均給付単位数①×②（B）	2326	4118	6616	9080	13130	16822	20164
(A)－(B)		4094	10702	9854	9400	7360	5678	4376
住宅型有料老人ホーム入居者（予測）	平均利用率（%）③	50	70	80	90	100	100	100
	平均給付単位数①×③（C）	3210	7280	13264	17532	26750	30600	35830
(A)－(C)		3210	7540	3206	948	-6260	–8100	–11290

＊１　単価は２００９年改定前のもの。
「平成１９年度介護給付費実態調査結果」（平成２０年４月審査分）

た介護サービス（訪問介護等）を出来高で算定されます（表6・3）。ですから、その限度額まで利用していない人もいます。表6・4のように自宅等で生活する要介護1の高齢者が実際に利用している平均は39・9％、6616単位に留まっています。

しかし、介護付有料老人ホームに入居している要介護1の高齢者の介護報酬は、30日計算で16470単位が必要となりますから、区分支給限度額方式との差は、一人1ヵ月当たり9854単位、金額に直すと98540円となります。介護付有料老人ホームに入居している要介護1の高齢者は、全国で2万6000人（表3・4参照）ですから、単純計算で1ヵ月当たり25億円、1年当たり300億円を超える差となります。要支援、要介護1・2といった軽度要介護高齢者が多い介護付有料老人ホームでは、自宅で生活している高齢者と比較すると、二倍以上の介護報酬が使われているということになっているのです。

3　介護付から住宅型・高専賃への流れ

この日額包括算定方式は、一般型特定施設の指定を受けた介護付有料老人ホームだけでなく、特別養護老人ホーム・老人保健施設等の施設サービスも同じです。ただし、特別養護老人ホームは福祉施設ですから、その入居者選定にあたっては、各施設で自由に選択できるわけではなく、「重度要介護高齢者優先」「緊急対応が必要な高齢者優先」等、各市町村で入所者選定の基準が定められています。そのため、要介護１・２といった軽度要介護高齢者は、全体の12・４％と低く、要介護４・５の重度要介護高齢者が65％を超えています。重度要介護高齢者の割合が高いのは、老人保健施設でも同様です（表３・４参照）。

つまり、保険財政の視点から見れば、介護付有料老人ホームが、最も非効率で問題が大きく、「介護付有料老人ホームの増加が介護保険財政悪化の一因」とされているのです。

この問題に対して打ち出された施策が、２００６年に定められた施設サービス・特定施設入居者生活介護等に対する総量規制です。

① ２０１４年の各市町村の施設サービス・居住系サービスの参酌標準を、要介護２以上の高齢者の37％以下とする。

② 対象となるのは介護保険３施設、認知症高齢者共同生活介護、介護専用型特定施設入居者生活介護、地域密着型介護老人福祉施設、地域密着型特定施設入居者生活介護。

③ 第３期介護保険事業計画（２００６年～２００８年）を上記に基づき策定する。

④ 自立・要支援の高齢者も入居可能な混合型特定施設は、参酌標準の対象外であるが、都道府県で必要利用定員数を定めて規制する。

この総量規制は、各市町村の「施設サービス・居住系サービス」の総量を要介護２以上の高齢者の37％以下とすることによって、その増加を規制しようというものです。要介護2より重度の高齢者が10万人であれば、総定員3万7０００人分以下ということです。施設サービスとは、介護福祉施設（特別養護老人ホーム）、老人保健施設（介護老人保健施設）を指し、居住系サービスとは、介護付有料老人ホーム（特定施設入居者生活介護）、グループホーム（認知症対応型共同生活介護）等を指します。つまり、区分支給限度額方式ではなく、日額包括算定方式で介護報酬が計算されている施設や高齢者住宅の規制です（巻末、解説参照）。

この参酌標準というのは、「この数にしなさい」ということではなく、「各市町村で必要数を考える際の基準にしてください」という意味です。ただ、特別養護老人ホーム等は、地域福祉計画等によって、別途指定枠が定められますから、実質的には、民間企業が行うことのできる介護付有料老人ホーム・グループホームへの規制です。

特定施設入居者生活介護の場合、この総量規制の対象となるのは、要介護高齢者のみを対象とする「介護専用型」のみで、要支援高齢者や自立高齢者も入居できる「混合型」は都道府県単位で別途必要数が定められ、規制できることが可能としています。しかし、加齢によって高齢者の要介護度は悪化していくものですし、「介護専用型」「混合型」と指定申請時には分けられていても、実際にどのような状態の入居者を選定するのかは、その事業者に委ねられているため、このような分類にはほとんど意味がありません。結果、都市部を中心に、一律に特定施設入居者生活介護の新規指定を認めない、また慎重になっている都道府県が増えています。

介護保険制度以降２００５年までは、新しく開設される有料老人ホームの大半は介護付有料老人ホームだったのですが、この総量規制によって、２００６年を境に介護付有料老人ホームは減少し、２００７年には変わって住宅型有料老人ホームが増えています。計画から開設まで、1～2年が必要なことを考えると、この状況は、２００８年、２００９年は更に顕著になると見られています。

実際、開設相談も、これまでは介護付有料老人ホームが大半だったのですが、現在は、住宅型有料老人ホームだけでなく、届け出の必要がない高齢者専用賃貸住宅に関するものが中心となっています。全く規制外にある、区分支給限度額方式の高齢者住宅に移行しているのです。

4 「介護付」の総量規制の逆効果

現在の一般型特定施設の報酬体系だと、軽度要介護の入居者が多くなり、効率的な介護保険財政の運営を阻害しているという側面があることは事実ですが、ではこの総量規制によって、区分支給限度額方式を取る住宅型有料老人ホーム等が増加すると、介護保険財政悪化の問題が解決されるのかと言えば、そう単純ではありません。

その区分支給限度額方式は、自宅で介護サービスを受けるのと同じ方式で、入居者とその地域の訪問介護等の介護サービス事業者との直接契約で、その入居者が実際に受けた介護サービス内容とサービス量によって、介護報酬が算定されるというものです。ただし、第3章で述べたように、この出来高のポイント介助だけでは、「隙間のケア」「臨時のケア」に対応できないという問題があります。

そのため、最近増加しているのは、これまでのような自立・軽度要介護高齢者を対象としたものではなく、同一グループ内の訪問介護・訪問看護・通所介護を高齢者住宅に併設し、重度要介護状態になっても安心できるように、入居者からのコールによって細かなケアや臨時のケアへの対応力を強化したものです。

2006年には、それまで有料老人ホーム等の高齢者住宅事業への参入が認められていなかった医療法人にも、事業参入が解禁されました。これからの法人の生き残りを賭けて高齢者住宅事業への参入を検討している医療法人は増えています。医療法人は、これまで訪問介護・訪問看護・通所リハビリ等の在宅介護サービスを運営しているところも多く、「高齢者住宅の入居者には自前の介護サービスを利用してもらう」というコンセプトで計画されているものが大半です。

これまでの住宅型有料老人ホーム・高専賃のように「介護サービスは外部のサービス利用」というのではなく、ハードや設備等を重度要介護高齢者にも対応できるようにし、グループ内の訪問介護、訪問看護等との連携によって、ケアの継続性を担保できるように計画されているのです。

「特定施設の総量規制で仕方なく住宅型へ」と消極的な意見もあるのですが、このような方法で、積極的・戦略的に重度要介護高齢者にも対応できる住宅型有料老人ホームや高専賃に移行している事業者も増えています。それは、同一グループ内で訪問介護や通所介護等を併設することによって、効率的に介護サービスが提供でき、かつグループ全体での収益性が高くなるからです。

一般型特定施設の問題点を指摘する中で表６・４を示しましたが、区分支給限度額方式をとる住宅型有料老人ホーム等が介護保険財政に与える影響について検証する場合、表６・４には致命的な欠点があります。それは、この支給限度額の利用割合は、独居高齢者だけでなく、家族と同居している高齢者を含めた平均値としていることです。

例えば、要介護４の重度要介護高齢者が区分支給限度額を利用している割合は54・４％程度と半分程度しか利用していませんが、要介護４といえば重度の介護が必要で、食事、排泄、その他日々の生活全般に介助を要する状態です。一人暮らしの高齢者がこの利用割合だけで、十分な生活を行うことはできません。重度要介護高齢者でも利用割合が低いのは、その多くを家族介護で対応しているからです。

詳細なデータがないため、経験上の推論となりますが、独居高齢者のみを対象にした場合、支給限度額の利用割合は大きく上昇することになるでしょう。要支援～要介護１といった高齢者は、移動や排泄、食事等の基本的な生活は可能なため、一人暮らしでも全額利用している人は少なく、家族と同居の人とくらべてサービス利用のちがいは微増に留まります。しかし、特に要介護3以上の重度要介護状態になると、区分支給限度額を全額利用しないと、基本的な生活を維持することは難しいでしょう。加えて、このような高齢者住宅に入居している場合、サービス提供者側、つまり事業者側も、できるだけ介護サービスを利用して欲しいというインセンティブが働くことになりますから、利用割合は更に上がることになります。

住宅型有料老人ホーム等で生活する場合、区分支給限度額の利用割合がどうなるのか、シミュレーションしたものを表6・4の下部に入れてあります（単価を合わせるため、2009年4月までの介護報酬を基礎として計算しています）。

区分限度額方式は、各自宅で生活する高齢者のための報酬体系であり、その移動によるサービスの非効率性も含めて高く報酬が設定されています。その結果、重度の要介護状態となると一般型特定施設の介護報酬を逆転することになります。

要介護3の場合、一般型特定施設の月額単価は20490単位（30日）ですが、区分支給限度額を全額利用すれば26750単位と6260単位多くなります。介護付有料老人ホームに入居している高齢者と比較すると、その差は要介護4の場合は「8100単位」、要介護5では「11290単位」と広がっていきます。最重度の要介護5では、1ヵ月一人当たり11万円以上の差になっていくのです。

「介護付はダメですが、住宅型であれば……」と言っている都道府県担当者も多いのですが、実際には重度要介護高齢者を対象とした住宅型有料老人ホームの増加も、介護保険財政に与える影響は小さくありません。特に、高専賃については、登録だけで開設することが可能なため、行政がこの総量を規制したり、管理することができず、無軌道に増えていくことになります。中長期的に高齢者住宅事業全体を見た場合、一律の「総量規制」を行うことは、財務の改善ではなく、むしろ財政悪化という逆効果を招くことになるのです。

介護報酬の効率的利用という側面から見れば、介護付有料老人ホームには重度要介護高齢者が多く、住宅型有料老人ホームには軽度要介護高齢者が多いというのが理想ですが、実際の経営側に立てば、その反対の、介護付は軽度、住宅型は重度という経営手法が運営しやすいということになります。「有料老人ホーム等の高齢者住宅の増加は介護保険財政悪化の要因だ」という行政の担当者がおられますが、それは、有料老人ホームの責任ではなく、介護報酬の算定基礎・適用方法が間違っているのです。

5　外部サービス利用型特定施設の創設でひろがる歪み

この問題は、現在の施設モデルや自宅と同一の報酬体系では、民間の高齢者住宅には対応できないということを示しています。

この高齢者住宅の介護報酬の課題を解消するために、２００６年に高齢者住宅専用の介護報

図６・１　外部サービス利用型の介護報酬体系

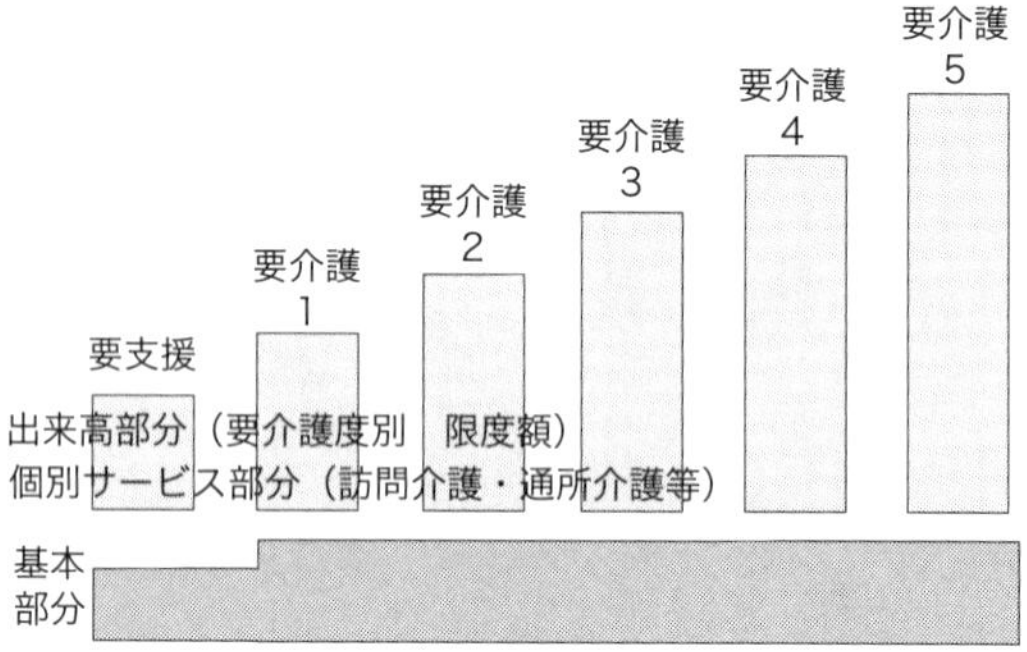

- ■　基本部分は、全入居者を対象として基本サービスに対応
- ■　基本サービスは、生活相談、ケアプラン作成、緊急時対応等
- ■　基本サービスは、特定施設（高専賃・有料老人ホーム等）のスタッフが提供
- ■　個別の介護サービスは、訪問介護・通所介護等の外部サービスを利用
- ■　基本サービス部分は、日額包括算定。個別介護サービスは出来高算定

酬が策定されました。それが「外部サービス利用型特定施設入居者生活介護」（以下「外部サービス利用型特定施設」）です。

この外部サービス利用型特定施設の体系は、要介護度別に限度額が設定されており、日額で包括的に算定される基本サービスと、出来高で算定される入居者個別のサービスの二本立てとなっています。これまでの一般型特定施設の日額包括算定方式と区分支給限度額方式をミックスしたような形だと言えば、イメージしやすいでしょう。

基本サービスは、「生活相談、介護サービス計画の策定、安否確認」など、全入居者が受けるサービスで、これは指定を受けた高齢者住宅のスタッフが直接サービス提供を行います。排泄介助・入浴介助・食事介助・外出介助等の個々の入居者の身体状

図6・2　住宅型と外部サービス利用型の違い

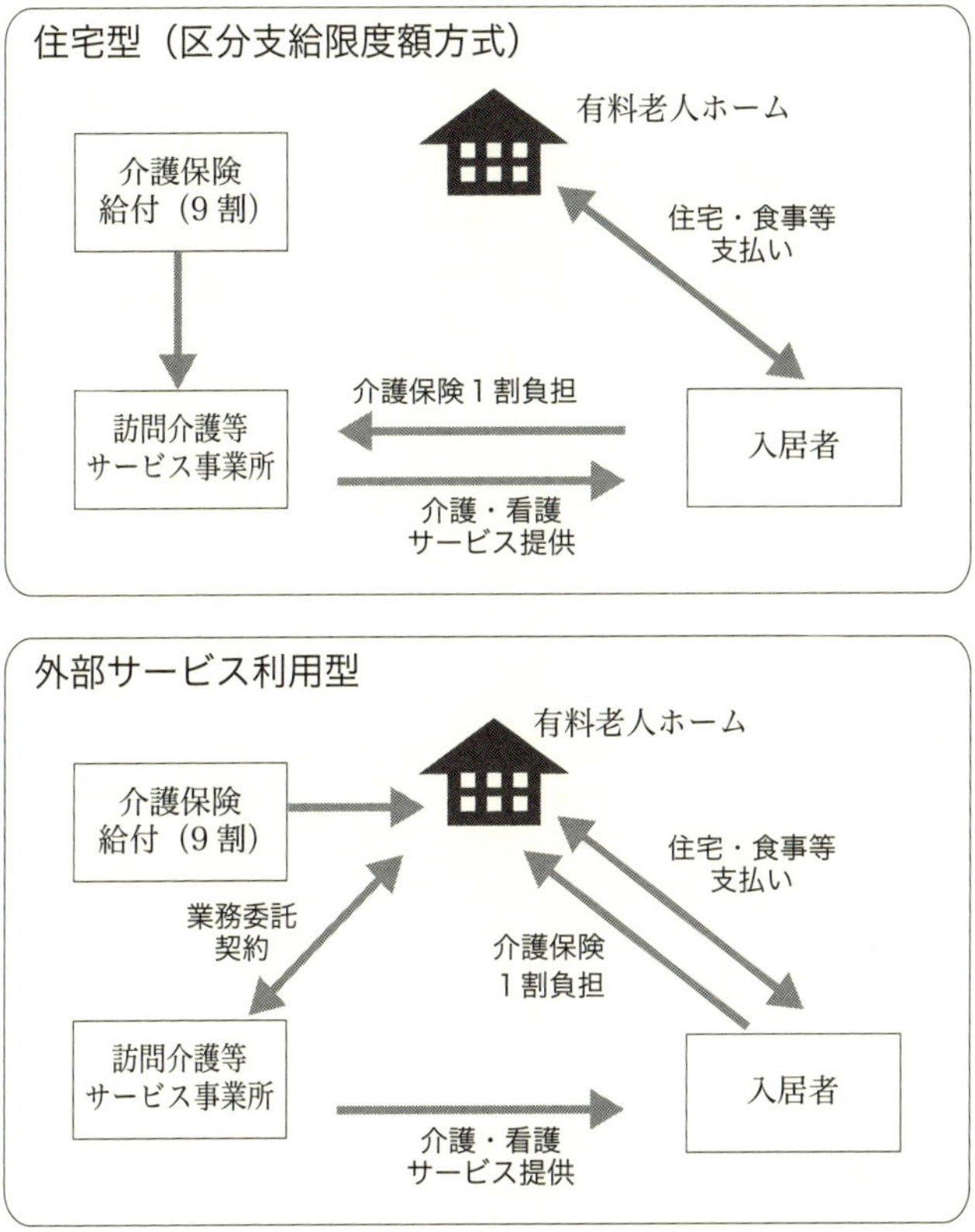

＊外部サービス利用型は出来高部分のみ

況や希望によって受ける個別の介護サービスは、訪問介護・通所介護等の外部の介護サービスを利用し、その利用分だけ出来高で算定します（図6・1）。

個別の介護サービス部分は、外部サービス利用・出来高算定ですから、区分支給限度額方式と同じだと考えている人も多いのですが、その利用方法は基本的に違います。区分支給限度額方式は、入居者個人と外部サービス事業者との直接契約であり、高齢者住宅事業者は関与していません。しかし、この外部サービス利用型特定施設の場合、高齢者住宅事業者が外部サービス事業者と業務委託契約を結び、サービス提供が行われます。また、介護報酬の請求や一割負担の徴収も、指定を受けた高齢者事業者（特定施設）が行います。

つまり、指定を受けた特定施設のケアマネジャーがケアプランを作成し、訪問介護や通所介護等の事業者に必要な介護サービスを委託するという形になっています。「食事のメニューはその老人ホームの管理栄養士が作るが、実際の調理は給食業者に外部委託している」というイメージに近いものです。そのため、入居者に対する介護サービス提供上のトラブルや事故等の責任は、特定施設、つまり高齢者住宅（有料老人ホーム等）の事業者が負うことになります（図6・2）。

この報酬体系は、介護保険財政のためにはうまく考えられたものです。

生活相談、ケアプラン策定等、すべての要支援・要介護の入居者に必要なサービスは、日額の包括算定となっていますが、実際に入居者が個別に受ける食事介助、排泄介助等のサービスについては、その入居者が利用したサービスによって出来高で算定されます。そのため、現在の一般型特定施設と比較した場合、軽度要介護高齢者は個別の出来高部分を限度額まで利用しないことから、全体として介護報酬を抑制することができます。逆に重度要介護高齢者は限度額の上限まで利用する可能性が高いのですが、外部サービス利用型の限度額は、一般型特定施設と同程度に設定されているため、重度要介護高齢者が増えても、区分支給限度額方式と比較すると、介護報酬の支払いを抑制することができます。

区分支給限度額方式よりも介護報酬が大きく下げられているのは、介護サービスの効率性が図れるという理由からです。

現在の区分支給限度額方式は、個別の自宅で生活する高齢者に対する報酬体系であって、移動等にかかる時間を含めて設定されています。例えば、訪問介護のホームヘルパーが３０分の排泄介助のために訪問する場合でも、移動の時間をかけると1時間は必要になります。一日に8時間働くとして、一日で介護できる高齢者は、多くても7～8人といったところでしょうか。しかし、住宅型有料老人ホーム等で、要介護高齢者が集合住宅内で生活している場合、移動時間は必要ありませんから、効率的に介護サービスを提供することが可能です。自宅で介護する場合と比較すると、倍以上のサービスを提供することができます。その効率性を加味して、報酬を下げているということです。

また、区分支給限度額方式の訪問介護サービスの介護報酬は、一回あたり30分単位の報酬設

表6・5　外部サービス利用型特定施設の介護報酬

基本部分	予防給付（要支援1・2）		1日60単位 1月1800単位（30日）
	介護給付（要介護1～5）		1日87単位 1月2610単位（30日）
出来高部分	予防給付（要支援1・2）	①訪問系・通所系サービス	通常の90%
		②指定福祉用具貸与	通常の貸与額
	介護給付（要介護1～5）	①訪問介護 身体介護 生活援助 通院等乗降介助	 15分99単位 15分50単位 1回90単位
		②その他の訪問・通所サービス	通常の90%
		③指定福祉用具貸与	通常の貸与額

表6・6　各タイプの有料老人ホームに適用される介護報酬の比較

（単位）

	一般型特定施設（介護付ホーム）	区分支給限度額（住宅型ホーム）	外部サービス利用型特定施設（外部サービス利用型ホーム）	
	月額報酬	月額限度額	月額限度額	うち基本部分
要支援1	6090	4970	4970	1800
要支援2	14070	10400	10400	
要介護1	17130	16580	17358	2610
要介護2	19230	19480	19486	
要介護3	21330	26750	21614	
要介護4	23400	30600	23712	
要介護5	25530	35830	25870	

計となっていますが、外部サービス利用型では、15分未満の短い介護報酬が設定されており、排泄介助等の10分程度の介助を連続的に行うことを視野にいれながら報酬設計されています（表6・5）。

実際の介護報酬額を比較すると、表6・6にあるように、要介護1の高齢者の場合、外部サービス利用型特定施設の全体の限度額は、17358単位ですが、その内基本部分2610単位をさしひいた14748単位は、利用したサービスが出来高で算定される方式です。軽度要介護高齢者は限度額まで利用しないことが多いため、全額日額包括算定の一般型特定施設と比較すると、介護報酬の支出を抑えることができます。

逆に、要介護4・要介護5の重度要介護高齢者の場合、限度額一杯まで利用することになりますが、その限度額は現在の一般型特定施設と同程度に押さえられていますから、区分支給限度額方式と比較すると、介護報酬の支出の逆転を抑えられます。つまり、現在の一般型特定施設や区分支給限度額方式と違い、軽度要介護高齢者であっても、重度要介護高齢者であっても、介護報酬の支出を抑えることができる報酬設計となっているのです。

しかし、当然のことながら、介護サービス事業者から見ると、この報酬体系・報酬単価は魅力的ではありません。要介護4の高齢者で比較すると、区分支給限度額「30600単位」に対して、外部サービス利用型限度額「23712単位」で基本部分を除くと「21102単位」と3分の2程度となっています。また、個別の報酬単価においても、訪問介護は15分単位と報酬単価が細かく設定されており、他の訪問・通所サービスでも、これまでの報酬単価の90％に抑えられているからです。

6　制度の大幅見直しで大混乱となる可能性

現在、増えている住宅型有料老人ホームや高専賃は、同一グループ内の訪問介護や通所介護を併設しているものも多く、実際には限度額や単価が下がっただけだということになり、外部サービス利用型特定施設の指定を受けるメリットは全くありません。実際、現在の区分支給限度額方式から移行する事業者はほとんどなく、この指定は進んでいません。

しかし、「外部サービス利用型特定施設は魅力がない」という程度で済まされる問題ではありません。

現在の制度では、同一グループ内で、訪問介護・訪問看護・デイサービス等のサービスを提供している住宅型有料老人ホーム・高専賃と、外部サービス利用型特定施設の指定を受けた有料老人ホームでは、まったく同じ内容・同じ量の介護サービスを提供しても介護保険の類型によって、受け取る報酬が違ってきます。区分支給限度額方式の住宅型有料老人ホームにすれば報酬は高くなり、外部サービス利用型特定施設の指定を受けると全体の報酬が減るという制度の根幹に関わる問題が起こっているのです。

表6・7　2008年度訪問看護の診療報酬改定の動向
――保健師・助産師または看護師による訪問看護・指導料――

（1日につき）

		週3日まで	週4日以上
在宅患者 訪問看護・指導料 ＊1	現行	530点	630点
	改正	555点	655点
居住系施設入居者等 訪問看護・指導料 ＊2	新設	430点	530点

＊1　訪問看護ステーションが行う場合の「訪問看護療養費」も同様に改正。
＊2　高専賃、有料老人ホーム、認知症高齢者共同生活介護事務所、特定施設（外部サービス利用型を含む）、老人福祉施設の入居者に対する訪問看護を行った場合に算定。
医師が高齢者住宅の入居者に対して訪問診療を行う場合の「訪問診療料」も大幅に削減されている。

これは介護保険財政の悪化に影響する問題であり、このような歪みがいつまでも続くということは考えられません。その方向性をどのように見ればよいのかのヒントは、医療保険の診療報酬改定の中に見えています。

表6・7は、2008年度（平成20年度）の医療保険の診療報酬の改定の一部です。表のように、在宅医療の重要性に鑑み、一般の訪問看護や訪問診療の診療報酬はアップしています。これは入院期間の短期化、介護療養病床の削減による在宅医療の推進を図るためです。

しかし、その一方で、これまでは同一の診療報酬が適用されていた高専賃や有料老人ホームの入居者に対しては、別算定の報酬が設定され、その報酬単価は大きく下げられています。厚労省は、その算定根拠として「適正な評価」としか述べていませんが、集合住宅に対する効率性を配慮したということは明らかです。

このように有料老人ホームや高専賃等の高齢者住宅に対する報酬は別算定だということが医療保険の診療報酬でも示されており、この考え方がこれからの介護報酬改定に与える影響は小さくないと考えています。それは、同様に有料老人ホーム等に対する報酬単価の切り下げなどが行われる可能性が高いということです。

区分支給限度額方式では、基本的に介護サービス事業者と高齢者住宅事業者の経営・収支は分離しているため、高齢者住宅事業者に対する報酬の引き下げにはなりません。報酬が下がるのは、これら住宅型有料老人ホーム等にサービス提供をしている訪問介護、通所介護等の介護サービス事業者です。

２００６年の介護保険制度の改定の中で、それまで有料老人ホームとケアハウスに限定されていた特定施設入居者生活介護（一般型および外部サービス利用型の双方）の指定が、一定水準を満たした高専賃にも適用されるようになりました。住宅型有料老人ホームだけでなく、将来的に、区分支給限度額方式をとる高専賃に対する外部サービス利用型への移行措置の前準備だと思うのは、考えすぎではないはずです。

しかし、同一グループではない外部の訪問介護サービス事業者等から介護サービスを受けている場合、「住宅型有料老人ホームは単価が下がるので訪問介護に行きません」という利用拒否にもつながりかねません。また、同一グループで行われている場合、現在の報酬単価をもとに、全体の価格設定が行われているため、途中で報酬が減額されれば、収支は大幅に悪化します。その費用負担として、数万円単位で月額費用が値上げされることになれば、退居せざるを得ない人もでてきますから、現場は大混乱になることはまちがいありません。

長期的展望のないままに、安易に特定施設入居者生活介護の総量規制を行い、区分支給限度額方式への移行を野放しにしたというツケは、小さくないのです。

第7章　崩壊にひんする高齢者住宅事業

1　悪化する事業経営

有料老人ホーム等の高齢者住宅は、これからの超高齢社会を迎える日本において、不可欠な事業です。需要の増加だけでなく、ニーズも多様化しており、そこに大きなビジネスチャンスが広がっていることはまちがいありません。

しかし、同時に、非常に特殊で、経営環境が流動的なリスクの高い事業です。事業の失敗は、事業者の破産だけでなく、高齢者・その家族の生活を崩壊させることになります。新規参入にあたっては、「短期利益確保」「参入メリット」ではなく「長期安定経営」「リスクヘッジ」を重点に置かなければなりません。

その社会性・公益性を理解し、着実に運営を続けている事業者がいる一方で、需要増加に対する過剰な期待、ベンチャー企業の台頭、不動産ファンドによる高配当期待といった背景の中で、不安定な不動産投機の対象となり、バブル的に急増してきた面があるというのも事実です。

この数年の間に、多くの有料老人ホームが倒産し、行き場のない高齢者が急増する可能性が高いと考えています。また、指導・監査が十分に行われておらず、入居者保護施策が不十分なためにトラブル、介護報酬等の不正、サービス低下等の問題も大きな社会問題となることは避けられません。

ここでは、これから発生するいくつかの問題について、整理しておきます。

第一の問題は、経営の悪化です。

①高騰する人件費

圧倒的な買い手市場で始まった介護労働市場ですが、この9年の間に急激に変化し、現在では介護労働者不足が深刻になっています。精神的にも身体的にも厳しい労働に対して低い介護報酬が、介護労働者の低収入の原因であり、これが介護職離れの一つの要因であることはまちがいありません。２０２５年には、現在の二倍の介護労働者が必要になると試算されています。２００９年の介護報酬のプラス改定を含め、介護労働者確保・待遇改善のために、様々な施策が採られていますが、これから、介護労働者をどのように確保していくのかは、行政が真剣に考えなければならない大きな課題です。

しかし、現在の介護付有料老人ホームの介護労働者不足に限定すれば、原因はそれだけではありません。「募集すればいくらでも集まる」といった特殊な買い手市場の中で作られた事業計画は、介護スタッフ１人当たりの給与は低く、パート等の非常勤職員を多用する等、人件費総額が低く算定されています。そのため、開設時に想定した人件費では、スタッフを集められなくなっているのです。

介護サービス事業は、労働集約的な事業です。事業収入に占める人件費比率は高く、優秀なスタッフを確保しておくには、定期的なベースアップも考えなければなりません。何年勤めても全く給与が上がらないということでは、スタッフは定着せず、やる気もなくなるでしょう。長期的に見ると、現在の人件費総額が最も低く、年々人件費は上昇し、収支を圧迫することになります。

更に、そのスタッフ配置は、介護保険制度や契約に基づいて決められています。介護付有料老人ホームの基礎となるのは特定施設入居者生活介護の指定基準ですが、この中で必要な介護・看護スタッフ数は、対要介護高齢者数で決められており、入居者との間で、それ以上のスタッフ配置を契約で定めている場合は、これに従う必要があります。計画よりも軽度要介護高齢者が多く、介護保険収入が見込みより少なく経営を圧迫することになっても、契約で定められた最低基準を下回ることは許されません。決められた以上のスタッフ数は常時確保しておかなければなりません。

これらの事業特性に加えて、先に述べた「終身契約」が重くのし掛かってきます。販売や製造等の事業の場合、需要が高くなれば、給与水準を上げても優秀な労働者を確保するところですが、サービス単価が介護報酬によって決められていることに加え、有料老人ホーム事業では終身契約が基礎となっているため、短期的な人件費増加を価格に転嫁することは簡単にできません。

この構造的なスタッフ不足は人件費の高騰を招き、収益を圧迫させているのです。

②介護保険収入の低下

二つ目は、介護保険収入の低下です。

介護保険制度発足当初の介護付有料老人ホームの事業計画を見ると、収支シミュレーション策定において、想定している入居者の平均要介護度を「要介護3」としている計画が大半でした。なぜ「平均を要介護3としているのか」とたずねると、そのほとんどが「要介護1～5」の五段階に分かれていることから、その中をとって「要介護3」としたという回答でした。

しかし、「平均要介護3」とするためには、全体の3分の1以上が要介護4・要介護5の高齢者で、車椅子や寝たきりを含め、重度要介護高齢者も多く入居することになります。この入居者のレベルは有料老人ホームによって大きく違います。ただし、基準配置程度では、重度要介護高齢者対応が難しくなりますから、入居するのは軽度要介護高齢者が中心になってしまうと言うことは述べた通りです。

事業計画時には「平均要介護3」で収支予測を行っていたのに、実際の運営で、平均が「要介護2」ということになれば、それだけ介護保険収入は大きく低下します。

２００９年度からの介護報酬単価を比較すると、要介護３の一日当たりの報酬単価は７１１単位、要介護２の単価は６４１単位とその差は、一日70単位です。50人の入居者として単純に計算すると、介護保険収入（一割負担含む）の差は、年間１２７万７５００単位、金額に直すと約１２７７万円の収入が減ることになります。

これは、介護保険収入の差ですが、他の収入・支出は変わりませんので、そのまま経常収支の差となります。

③修繕計画の不備

三つ目、収支面において、将来大きな課題となるのが修繕計画の不備です。

特別養護老人ホームでも、開設間もない新型特養ホームは内装・外装ともに美しく、設備も最新のものが整っています。見学に訪れる多くの人が「こんなところに入所できるのか」と驚かれるほど、設備も充実しています。一方、15年、20年前に建てられた旧型の特養ホームに行くと、外壁も汚れており、内部も薄暗く、入浴設備やトイレ等の福祉機器も古く使いにくいものも少なくありません。介護保険制度前の措置の時代には、入所する老人ホームが選べなかったため、家族からは「新しい老人ホームに入れる人は得だ」「なぜ、こんなに設備や建物が違うのに同じ金額なの？」という意見も多く聞かれました。

建物設備は開設時が最高の状態で、年月が経てば必ず劣化していきます。今は最新機種でも、毎年次々と新しく高機能のものが発売されますし、白く美しい外壁も、汚れやひび割れが目立つようになります。不動産としての建物設備の価値が、経年劣化によって下がっていくということは避けられません。

そのため、一般の分譲マンションでは、誰かが先に住んでいた場合は、「中古」として価格が下がります。また、誰も住んでいなくても、完成から1年以上経過した物件は新築ではなくなります。賃貸マンションでも、近くに新しいマンションができ、経年劣化によって建物や設備が古くなってきた場合、大きく改修するか、家賃を下げなければなりません。

しかし、有料老人ホーム等の高齢者住宅は、民間の不動産商品でありながら、福祉施設同様に、その流通や価格設定において「中古」という概念がありません。入居一時金６００万円、月額利用料20万円という金額設定のものは、10年経っても15年経っても、また、開設当初に入居する高齢者も、３番目に入居する高齢者も同じ金額設定となっています。

事業の性格上、一般住宅の「中古」という価格設定は、そぐわないかもしれませんが、建物設備が古くなることによって商品の競争力がなくなるということは事実です。その問題点を解決し、当初の入居一時金・利用料を維持しつづけるためには、定期的な点検修理を行い、その資産価値・商品価値を維持し続けなければなりません。

私は京都市の㈱ゆう設計と共同で策定している「公益法人の高齢者住まい事業」の事業モデルの中で、長期修繕計画を策定するにあたって、必要と考えられる修繕箇所を、建物・設備に分けて洗い出しています。

この修繕費用は、他のランニングコストとは違い、毎年、継続的に同程度の費用が必要となるというものではありません。当初の５年程度は、大きな修繕は必要ありませんが、５年ごと、10年ごとに定期的に修繕が必要なものがあります。また、15年、20年と年月が経過するにつれて、必要な修繕箇所は多くなり、高額なものとなっていきます。特に、開設後15年～20年目前後には、給水管・給湯設備、電気設備等の修繕の他、居室内部のエアコンや洗面ユニット等の入れ替えが必要となるため、その修繕金額は、開設時の工事費用の20％から30％が必要となります。金額は規模や定員によって変わってきますが、一気に数千万円～数億円単位の修繕費用が必要になるのです。

しかし、その重要性と比べ、実際にはこの長期修繕計画を詳細に検討している事業者・事業計画は多くないということも事実です。10年目や15年目に、「３０００万円」「５０００万円」などの金額が上げられている場合でも、その金額は実際に必要と考えられるものよりも小さく、中身・内容を確認すると「このくらいは必要でしょう」という程度でしかありません。中には、計画の中で資金手当されていないものもあり、「そのときの余剰金を見ながら行う」といった程度の認識でしかない事業者もあります。

しかし、計画的に修繕が行わなければ、毎年の収支が安定していても、「大規模修繕」によって、経営が一気に悪化することになりますし、逆に資金不足で必要な修繕が出来なくなれば、新しい入居者は入ってきません。見た目でサービスの質がはかれる訳ではありませんが、雨漏りがしたり、壁が汚くひび割れているような有料老人ホームに、数百万円の入居一時金を支払って入居する人はいないでしょう。

また、適正な時期に適正な修繕が行われなければ、劣化が進み修繕に多額の費用が必要となるだけでなく、建建物の骨格となる鉄筋が腐食するなど建物の耐久性にも影響することになります。

多くの有料老人ホームは、開設されてから10年未満ですから、この修繕費用不足が、すぐに経営に直接影響するわけではありませんが、その時期は確実にやってくるのです。

④入居一時金経営の長期入居リスク

最後の一つは、入居一時金経営の長期入居リスクです。

第4章で詳細に述べましたので、繰り返しは避けますが、問題は二つあります。一つは、長期入居リスクはサイレントリスクで、顕在化するまで決算書に現れないということ。そして、もう一つは、価格改定以外に、その収支を改善する方法がないということです。このリスクがどの程度、経営に影響を与えるのかは、一時金の金額や償却期間の設定方法等によって、大きく変化しますが、入居率が１００％であっても、経営が悪化する可能性はでてきます。返済すべき入居一時金を、運営費用として使い込んでいる場合、ある日突然、資金ショートして倒産することになるのです。

2　暴落する有料老人ホームの譲渡価格

収支が悪化しても、現在のところ、実際に有料老人ホームの倒産・事業閉鎖が表面化することはそれほど多くありません。その理由は二つ考えられます。述べたように、入居一時金経営によって、最初の償却期間が終了するまではキャッシュフローに余裕があること、そしてもう一つが、M&A（合併吸収）・事業譲渡です。

ＮＨＫの調べによると、事業譲渡や民事再生等が行われた有料老人ホームは、全国で４６９件（２００６〜２００９年）に上るとしています（「クローズアップ現代」）。私は、以前「お探し介護」という有料老人ホーム情報サイトの運営支援をしていましたが、実際、運営企業が二度、三度と変更になる有料老人ホームもありました。それらがＷカウントになっているとしても、届け出された有料老人ホーム数は全体で３３００施設程度（２００８年3月）ですから、全体の14％、７つの有料老人ホームのうち、１つは事業者が変更（又は倒産）されているということになります。

有料老人ホーム業界で、M&Aが急速に進んだ背景には、二つの要因があります。

一つは、新規開設を妨げる特定施設入居者生活介護の総量規制です。超高齢社会を目前に成長著しい事業であるとして、新規参入や事業拡大を図りたい企業は多いのですが、述べたように、介護保険財政の悪化を懸念して、介護付有料老人ホームの新規指定を見合わせている都道府県が多くなっています。そのため、資金力のある企業は、現在経営中の介護付有料老人ホームを直接買い取るという形を採っています。

もう一つは、買収される側、中小の有料老人ホームの経営悪化です。

「高齢者住宅は儲かる」と参入したにも関わらず、人件費の高騰等、有料老人ホームの経営環境は大きく変化しています。また、入居者が集まっていない老人ホームも増えており、開設時に入居者が誰もいないというホームもあるようです。計画段階では、入居率による損益分岐を70～80％に設定していますから、特に、単独ホームや数箇所のみ経営している小規模の有料老人ホーム事業所は、当初からある程度高い入居率が確保できないと経営が苦しくなります。加えて異業種からの新規参入で経営ノウハウに乏しいことから、スタッフの離職や入居者や家族とのトラブルを抱えるケースも多く、「こんなはずではなかった」と事業からの撤退を望んでいる経営者も増えているのです。

このように、経営ホーム数を増やし、開設競争を進めたい体力のある大手の事業所と、経営

表７・１　有料老人ホームの大規模なＭ＆Ａ

2005年３月	外食産業のワタミ㈱が、関東で16ヵ所の有料老人ホームを展開する㈱アールの介護の全株式の譲渡を受け、経営権取得。買収金額は73.5億円。 ㈱アールの介護とワタミメディカルサービス㈱が合併し、ワタミの介護㈱に社名変更。
2005年11月	全国で２０の有料老人ホームを展開する㈱ケアリンクは、株式83％を親会社の日本エルシーエーから日興アントファクトリーに譲渡し、持ち株会社アントケアホールディングス㈱を設立。 関東で20の有料老人ホームを展開する㈱メディスコーポレーションが持ち株会社に参加。
2006年７月	介護事業大手の㈱コムスンが、東京・神奈川を中心に37ヵ所の有料老人ホーム桜湯園を展開する日本シルバーサービス㈱を買収、完全子会社化。買収額は62億円。
2007年11月	介護大手のニチイ学館が、グループホーム「コムスンのほほえみ」（183ヵ所）、介護付有料老人ホーム「コムスンのきらめき」「コムスンホーム」（30ヵ所）等の事業継承。譲渡価格210億円
2007年12月	㈱ゼクスアクティブシニアが、コムスン住宅型有料老人ホーム「バーリントンハウス」（2ヵ所）、介護付有料老人ホーム「コムスンガーデン」（4ヵ所）を事業継承。譲渡価格360億円。 （その後、建築基準法の適合性の問題が発覚し、2009年４月ラディアホールディングスが事業継承予定）

力に限界のある中小の既存ホームとの利害が一致し、有料老人ホームの買収や吸収合併、資本提携等が進みました（表７・１）。

これに目をつけたのが不動産ファンドです。事業ノウハウのファンドです。事業ノウハウの更に乏しい新事業者と不動産ファンドの間で、短期利益と高い利回り計算だけで、売買・転売が行われることになります。有料老人ホームのＭ＆Ａを手がける業者も増えており、一時期、「有料老人ホームを売りたいという情報はないか」といった問合せやメールが一気に増えました。彼らの多くは、有料老人ホーム事業を運営しているという意識はほとんどなく、手数料収入と不動産としての利回り期待しかありません。

このような、理念やビジョンのないM&Aは確実に失敗します。

有料老人ホームのM&Aが成功するか否かは、その事業性・将来性を見極められるのかという一点に絞られています。

買収を行っている担当者からは「黒字のホームからの売却オファーも多い」「入居率は80%以上で安定しているホームと交渉している」等という話を聞きます。しかし、述べたように、不確定要素が多く、高い利回りが確定されるような事業ではありませんし、特に、開設から数年間の利益計上は経営安定の指標にはなりません。入居一時金経営の落とし穴です。当初の数年間の償却期間内においては、「入居率が高い」「開設以降黒字を計上している」から経営が安定しているとは言えず、開所から最初の償却期間を超えると、入居者が多くても収支は悪化する可能性があります。数年間利益が出ているということだけで判断すると、高い値段で残ったリスクだけを買うということになります。

有料老人ホームを買い取って運営するためには、現在の経営状態ではなく、償却金額、償却期間と現在の入居者の年齢やレベル、入居者募集の状況、将来性等、総合的に判断する必要があります。実際は、運営中の有料老人ホーム以上に事業に対する理解・知識が豊富で、しっかりとリスクヘッジをして、再事業計画、再事業シミュレーションを立てられる事業者でなければ、運営しつづけることはできません。

一時期、「運営ノウハウも一緒に買い取る」「ノウハウも含めた価格設定」といった意見が聞かれましたが、要介護高齢者を対象とした介護付有料老人ホームは、まだ始まって数年の事業であり、事業ノウハウやリスクをヘッジするための実績値が確立されている訳ではありません。有料老人ホームの収支は、入居一時金の長期入居リスクや大規模修繕検討によって、20〜30年程度で一回りしますから、その全体像が描けない限り、M＆Aは成功しないのです。

有料老人ホームが何度も転売される背景には、想定通りに運営できず、事業継続が次々と困難になっているということを示しています。今後、長期入居リスクの顕在化によって、それぞれの有料老人ホームの実力が表面化してきます。その時には、有料老人ホームの譲渡価格は暴落することになります。

3　突きつけられる現実――倒産か値上げか――

超高齢社会への過剰な期待に特定施設入居者生活介護の総量規制が加わったことによって、不動産ファンドも相次いで参入するなど、投機の対象となるほど高額で売買されていた介護付有料老人ホームですが、その勢いは陰りを見せています。

その理由は、期待されたほどの高い短期利益が見込めないことがわかってきたこと、また、サブプライムローンに端を発した世界金融危機で、不動産ファンドの資金繰りが厳しくなってきたことも一因です。そのため、譲渡先が見つからず、倒産・事業閉鎖に追い込まれるケースもでています。

秋田県仙北市の介護付有料老人ホームでは、事業収支が悪化し給与未払い等からスタッフの退職が相次ぎ、開設からわずか9ヵ月で、突然閉鎖となりました。

要介護高齢者が多く入居している介護付有料老人ホームの事業閉鎖は、非常に深刻です。生活の根幹となる住居がなくなるというだけでなく、介護サービスや食事サービスが止まると、多くの高齢者は生きていけません。そのため事業閉鎖発覚から数日間の内に急いで、次の生活の場を探す必要があるのですが、そう簡単に見つかるものではありません。事業者が倒産してしまえば、これらの手配を誰の責任でやるのかは不透明になるため、その負担は家族に重くのし掛かってきます。

秋田のケースの場合、老人ホームに入居していた32名の入居者の内、自宅に戻れない高齢者は、特例措置として、地域の特別養護老人ホーム等に分かれて引き受けてもらわざるを得なかったと聞きます。突然、事業継続が困難となった場合、要介護高齢者の生命を守るために、緊急避難的にこのような手法を取るしか方法はありません。しかし、その地域で特養への入所を待っていた高齢者は後に回されることになります。介護付有料老人ホームの倒産は、入居者や家族だけでなく、地域の介護・福祉ネットワークも大きく混乱させることになるのです。

ただし、これからは、譲渡先・売却先が見つかった場合でも、入居者や家族が追加の負担を求められる可能性が高くなります。

述べたように、これら経営悪化の根本原因は、「甘い事業計画」「開設ありきの収支予測」にあります。経営環境が変化した今、事業計画そのものが破綻しており、事業経験豊かな事業者に譲渡されても、ノウハウだけで運営や収支が改善できるものではないからです。

事業を継続・再生するためには、サービスカット、入居一時金の追加徴収、月額費用の改定等が必要になるケースが増えるでしょう。述べたように、旧事業者が倒産した場合、その契約や利用権は継続されません。新たに入居一時金が支払えない場合や、月額費用が3万円、4万円と改定されれば、退居を余儀なくされる入居者もでてくることになります。また、価格と同様に、約束されていたサービス契約も廃棄され、介護・看護サービス、食事サービス等の内容について、新しい事業者と再契約することになります。従前のサービス・価格で、引き継がれる可能性は低いと考えて良いでしょう。

実は、これは事業者が変更されなくても同じです。

最近は、経営が悪化し、会社更生法を申し立てる事業者も増える傾向にあります。そのままでは事業継続が難しいと宣言しているに等しいのですから、多くの場合、価格改定やサービスの切り下げが求められることになります。つまり「事業閉鎖か値上げか」の選択が、入居者・家族に求められることになるのです。その支払いが負担できない場合、あるいは切り下げられたサービスでは生活が維持できない場合、退居せざるを得ないということになります。

介護保険制度の一つの目的は、高齢者介護に競争原理を働かせ、サービスを向上させるということです。しかし、資本主義経済の中で競争原理を働かせるということは、競争に負ける事業者、つまり倒産する事業者が出てくるということです。そのバックアップ体制は、何もとられていないのです。

収支を悪化させる最大の要因である、入居一時金の長期入居リスクが顕在化する時期は迫っています。残念なことですが、現在の制度では、杜撰な事業計画によるツケはすべて、入居者や家族に回ることになります。そして倒産・事業閉鎖となった場合、その影響は、その市町村の介護・福祉ネットワーク、その地域で暮らす高齢者すべてに波及していくのです。

4　入居者が人質となって簡単に潰せない

もう一つの問題は、この有料老人ホームの経営悪化は、経営者のモラル低下・サービス低下を招く可能性が高いということです。

介護保険制度による高齢者介護サービスの民間企業への開放は、いわば「高齢者介護の規制緩和」とも言うべきものです。構造改革や規制緩和がすべていけないという訳ではなく、「民間ができることは民間で……」という発想は必要だと思いますが、問題は開放されるに当たって、最低限のチェック体制すら整えられていなかったということです。

「耐震偽装問題」「食品産地偽装・事故米問題」等、世間を騒がせている社会問題の多くは、ほとんど同じ構図で、同時に表面化しているのは氷山の一角だということもまちがいないでしょう。規制緩和によって、「儲かりそうだ」と低いモラルの事業者が大挙参入し、消費者が被害に遭う、そしてもう一度規制が強化されていく、チェック体制が整えられていくというのが一連の流れです。不正行為が発覚し、名前が挙がった企業は、その後ほとんどが倒産・事業廃止という経過を辿っていますから、長期的に見れば、市場の浄化作用が働いていると考える人もいるでしょう。

しかし、有料老人ホームにおいて決定的な問題となるのは、入居者が人質となっているため、不正があっても同じように簡単には潰せないということです。

大きな社会問題となった、日本の最大手の介護事業者コムスンが廃業に追い込まれた経緯を簡単に見ておきましょう。

2006年、東京都が訪問介護業者の大手3社に対して監査を実施、いくつかの問題が発覚します。これを受けて、厚労省が2007年4月、全国一斉監査を都道府県に指示、その結果、当時、訪問介護の最大手だったコムスンが、業務拡大のため、勤務実態のない職員の名前を使って新規指定の虚偽申請を行っていた等の不正が発覚します。

厚労省からの「新規指定禁止・指定更新禁止」という重い処分に対して、同一資本グループ（グッドウィルグループ）の別法人である日本シルバーサービス㈱へ、事業譲渡する方針を示したものの、同省は、この「処分逃れ」は認められないと譲渡凍結を指導、２００７年6月、コムスンはすべての介護サービス事業からの撤退を正式に表明します。

「介護を食いものにした」と批判が集中、同時に、訪問介護サービス等を利用していた、高齢者・家族から「サービスは継続されるのか」「誰に相談すれば良いのか」といった不安が高まり、大きな社会問題となります。この、全国に事業展開していた、介護事業最大手のコムスンの事業閉鎖は、介護保険制度発足後、その制度の根幹を揺るがす最大の事件となりました。

ただ、結果的に、事業の譲渡を受けたいという企業が数多く名乗りを上げたため、それ以上、問題が大きくなることはありませんでした。コムスンの介護サービス事業の譲渡に関する第三者委員会が設置され、２００７年中に居住系サービス（グループホーム１８３事業所、有料老人ホーム26事業所）は一括してニチイ学館へ、訪問介護サービス事業等については、都道府県毎に事業譲渡されました。入居者や家族は、途切れることなく、新事業者の下でサービスを利用することができました。そのため、この事件は、すでに過去のものとなっています。

問題はここからです。

このコムスン問題が発覚した２００７年には、まだ、有料老人ホーム事業に参入したい企業は多く、このニチイ学館以外にも、事業譲渡を受けたいという多くの事業者が、名乗りを上げました。当時の居住系サービスの時価純資産額は40〜50億円に対して、譲渡された金額は２１０億円ですから、その将来性が非常に高く評価されたということがわかります。この金額が高いかどうかについては、様々な意見があるようですが、内情を良く知らない私には判断できませんし、高い事業戦略があっての価格設定だと思います。また、有料老人ホームだけでなく、グループホームを含め200以上の居住系サービスが一括して譲渡されたことから、そのスケールメリットも、価格を押し上げた要因であると言えるでしょう。

しかし、その一方で、今、同じ問題が発覚しても、当時と経営環境は大きく変わっていますから、同じ金額はつかないだろうと思います。もし、事業承継する企業がなく、また金額が折り合わず、譲渡先が見つからなかった場合、コムスンが運営していた介護付有料老人ホームに入居していた1400人を超える入居者は、行き場を失うことになっていたのです。

これは、仮定の話ですが、今後、同様のケースが十分に考えられる話でもあります。

述べたように、慢性的なスタッフ不足で、人件費は高騰し、かつ介護スタッフの確保が非常に難しくなっています。特定施設入居者生活介護の指定基準を満たさない場合、返還請求の対象となり、遡って数千万円の返還を介護保険財政から求められることになりますし、悪質で介護報酬の不正受給があったと見なされる場合、指定が取り消されることになります。

また、現在、問題となっている無届施設ですが、有料老人ホームとしての届け出を受けても、違法建築や人員配置の不備等の根本的な問題が見つかった場合、その改善の指導を行わなければなりません。当然、改善指導に従わない場合、罰則も含めて検討しなければなりません。

しかし、建築違反の改善や人員配置の見直しが行われることによって、月額費用の改定が必要になる場合、「今のままで良い」という入居者もでてくるでしょう。

その指導によって、新たな費用負担が発生する場合どのように対応するのか、指導に対して問題が改善されない場合、事業の取り消しができるのか、介護報酬の不正請求の返還ができない場合どうするのか等、想定される課題はたくさんあります。

有料老人ホームや高専賃等の場合、不正請求の対象が訪問介護や通所介護等の利用するサービスではなく、住居ですから、代替サービスがあるわけではありません。指導や監査を強化すると言っても、大きな問題が発覚しても、次に「入居者が人質となって潰せない」という課題が、大きく立ちはだかってくるのです。

第８章　崩壊を食い止めるために何をすべきか
――高齢者の生活を支えるために――

１　問題の根幹はどこにあるのか

長期的に見れば、超高齢社会の中で、有料老人ホーム等の高齢者住宅事業が成長していくことはまちがいありませんが、短期的に見ると、有料老人ホームの倒産や、更なるトラブル増加は避けられない情勢にあります。

少しでも問題を小さくするために、また、高齢者住宅事業の健全な発展のためにこれからどのように動いていかなければならないのか、最後に私の考えを述べておきたいと思います。

有料老人ホーム・高専賃等、高齢者住宅事業が抱える問題の根幹は、これまでの日本社会が直面している課題と通じるものがあります。

①長期的視点の欠落

一つは、事業経営に対する「長期的視点の欠落」です。

バブル崩壊後の長いトンネルを抜けてあたりを見回すと、企業のあり方、事業に対する考え方は大きく変化しています。「勝ち組・負け組」「短期勝ち逃げ」という社会風潮の中で、これまで中心だった「ノウハウを蓄積して独立する」という起業ではなく、「ブームだから」「儲かりそうだから」という安易な起業家が急増することになります。

長期的視点に立った経営が難しいのは投資家の台頭も影響しています。ゼロ金利政策、インターネットの普及等の要因が重なり株式投資を行う人が急増、規制緩和によって外資からの資本流入も増えています。「企業は株主のもの」「もの言う株主の代表」と称する人も現れ、株式の売買を繰り返す彼らが企業に求めるものは、長期安定経営ではなく短期利益です。本質的な事業ではなくマネーゲームの行き着いた先が、現在の金融危機・世界同時不況です。

そもそも、介護サービス事業は、これまで福祉施策に限定されていたことでもわかるように短期的な収益、巨額の利益が得られるものではありませんし、私は、株式上場に適した事業でもないと考えています。株価を維持するためには、短期利益を求める株主が離れていかないように、毎期の利益を作り出していく必要がありますが、「赤字の事業所は切り捨てる」「収益が上がらない老人ホームは廃止する」といった手法をとることはできません。

事業者の多くは高い倫理観、長期安定経営できる事業計画をもって運営しているということは事実ですが、高齢者住宅ブームが介護保険制度以降の背景にあったことは疑いようもなく、倒産する事業者が５％、10％であっても、業界全体に与える影響は、非常に大きなものとなります。

長期的・戦略的視点に欠けるというのは、行政の施策も同じです。

社会保障費が急速に膨張し、少子高齢化によって介護スタッフが今以上に不足することは明らかです。効率的な財政運用が求められるのですが、２００９年度の介護報酬改定も、現在の課題に対処するのが精一杯で、10年後、15年後を見据えた制度設計にはなっていません。これでは事業者も長期安定経営のための事業戦略が立てられませんし、監査・指導体制については、その基礎すら見えていないというのが現実です。

②スピードの違い・目的の違い

二点目は、アメリカの社会学者アルビン・トフラーが著書『富の未来』の中でも述べている「スピードの違い」です。

厳しい経営環境の中で、企業・事業者は利益を求めて猛スピードで走っています。止まることは許されず、技術革新や金融市場、移り気な株主の動向に注意しながら、利益を求めて走り続けなければなりません。

しかし、この急激な変化に対して、行政のスピードではついていけません。

このスピードの差は、介護サービス事業では、致命的な問題となっています。介護保険法の制度変更は5年ごと、報酬改定は3年ごとであり、これらの改定も現行制度に大きく引っ張られるため、全ての施策が後手に廻るということが続いています。

介護保険が発足した2000年は、バブル崩壊後の不景気の真っ只中で失業率は高く、介護労働市場は買い手市場一色だったのですが、長期的に見ると少子化によって、いずれ介護労働者不足が社会問題となることはわかっていました。実際、介護福祉士専門学校の入学者数を見ると、2005年をピークに見通しはすでに厳しくなっています。

2009年の報酬改定で、初めてのプラス改定となり、労働条件の改善に対する動きが活発化していますが、時すでに遅く、介護福祉士を養成する専門学校の入学率は定員の半分以下、介護福祉士の約4割は介護関連の仕事についておらず、介護労働者ははるか遠くに離れています。

スピードだけでなく、目的も違います。

利益を求める企業と社会保障支出の抑制を進める行政は、同じ方向を向いて走っている訳ではありません。介護付有料老人ホームに軽度要介護高齢者が多く、重度要介護対応の住宅型有料老人ホームが増えているのは、その手法が経営者にとっては最も運営しやすく利益率が高いからですが、逆に、介護保険財政の非効率運用となり、財政悪化の一因となっています。

介護サービス事業は、民間企業の責任で行われる営利事業であると同時に、その根幹を社会保障施策に依存しているという特殊な事業です。いわば、早く走りたい企業とそれについていけない行政が、違うゴールに向かって二人三脚しているような事業だと言えるでしょう。このスピードの違い、意識の違いによる歪みは、ますます広がっていくことになります。

③中央集権体制の限界

もう一つは日本がこれまで歩んできた「中央集権体制の限界」です。

戦後、政府が主導・統制・管理し、日本経済の発展に大きく寄与してきた中央集権体制に限界があるのではないかと考える人が多くなっています。「ヒト・モノ・カネ」は東京一極集中となり、地方は疲弊しています。これを打破するために「道州制」の議論が活発化していることはご存知の通りです。

特に、地域に合わせた個別対応が必要な社会保障施策については、中央集権体制が大きな足枷となっています。

本来、社会保障施策は、制度の骨格ではなく、運用に重点が置かれるべきものであり、その地域や個人の事情に応じて提供されなければなりません。しかし、その最先端にある市町村機能は、システム的に国の下請け機関のように運用が縛られていること、また、長期間の「お伺い体質」に慣れ自分で考えるという習慣がなくなり、国によって定められた運用しかできなくなっています。これでは、その地域性に合わせたマネージメントや細かな監査・指導ができるはずがありません。

一律に行われている特定施設入居者生活介護の総量規制は、その最たる例だと言えるでしょう。述べたように、現在の一般型特定施設ではなく、外部サービス利用型特定施設は、軽度でも重度でも、介護保険財政を抑制できるのですが、「一般型も外部サービス利用型も特定施設入居者生活介護は規制」という市町村・都道府県もあります。国の示した基準以外に考えられないのです。

根本の制度設計にも弊害がでています。省庁間の縦割り行政の弊害で、厚労省管轄の有料老人ホームと国交省の高専賃には、大きな歪みができています。「一定水準の高専賃」の登場は、有料老人ホームの入居者保護施策を有名無実化しただけでなく、指導・監査体制も全く整っていないため、今後トラブルが急増し、社会問題となることは避けられません。

現在の中央集権体制が、人口減少、少子高齢化を迎えるこれからの日本において、そのシステム疲労・限界を迎えているということはまちがいありません。

2　まずは相談窓口の設置を

有料老人ホームと高専賃の省庁間の歪み、監視指導体制が整わない国と地方の責任を押し付け合い等は、解決しなければならない問題ですが、現在の行政システムを変化させるということは、すぐに対応できる訳ではありません。

現状、問題が拡大していく中で、重視しなければならないことの一つは、スピードです。特別養護老人ホーム等の施設不足は、ますます深刻になり、高齢者住宅への入居を希望する高齢者は右肩上がりで増え、同時に、事業ノウハウの乏しい事業者も急増していきます。問題やトラブル、歪みはますます拡大することになり、後になるほど手が付けられなくなります。

まず、第一にしなければならないことは、有料老人ホーム・高専賃等の高齢者住宅に関する専門の相談センターの設置です。

その役割は二つあります。

一つは、入居相談です。

民間の有料老人ホームや高専賃に入居したいと考えていても、誰に相談すれば良いのかわからない、相談する場所がないというのが実情です。

有料老人ホームは、同じ「介護付」「住宅型」と言っても、それぞれにサービス内容が違いますから、詳細な情報提供は不可欠です。そのため、重要事項説明書を策定し、契約書とともに、入居希望者に事前に渡すことが義務付けられています。しかし、ほとんどの人が有料老人ホームを探すのは初めてですし、入居希望者に対するセミナー等でお話をしても、多くの人は「有料老人ホームとは何か」ということすら理解していません。その中で、このようなデータを見せられても、それを比較検討し、生かすことはできませんし、データから読み取れることは、実際に入居希望者が知りたいことではありません。

現状を見ると、ケアマネジャーや病院のMSW（医療相談員）が有料老人ホームや高専賃を紹介するケースも多いようですが、高齢者住宅の専門家ではありませんし、よくわからないままに紹介し、入居後にトラブルとなるケースも増えています。

また、有料老人ホームの増加と共に、民間の「有料老人ホーム紹介業」も増加していますが、基準がなく、法整備が遅れているため玉石混淆でトラブルが多くなっています。実績が豊富で、しっかりと個々に有料老人ホームの実情・サービス内容を精査し、「あの紹介センターに登録されれば一流の証」と言われるようなところもありますが、有料老人ホーム事業者が紹介業もかねて、相談者をすべて系列の有料老人ホームに取り込むといったところもあります。

また、「独立した紹介業」と言っても、多くの紹介業者は、相談者の相談料は無料、提携している有料老人ホームからのみ紹介料を受けるという形をとっているため、本当に中立の立場で紹介することができるのか疑問視されています。当然、入居者から相談料をもらっている訳ではありませんから、「聞いた話が違う」「契約が守られていない」と言ったトラブルにも関知しない、入居者の自己選択責任というのが基本です。紹介した入居者からアンケートを取ったり、面談に出向いたりと、アフターフォローを行っているところもありますが、法整備がされている訳ではありませんから、そのような事業者は一部に留まっています。

有料老人ホームは、建物・設備・利用料等だけでなく、サービス内容も多岐にわたりますから詳細な説明が必要になるのですが、専門の紹介業者に相談しても、その時点で「当たり外れが大きい」というのが実情なのです。

これは、高専賃についても同様です。

高専賃は、高齢者が住居を探しやすいようにつくられた登録制度で、基本的なことは、登録内容を見ればわかるとしています。しかし、大学生が学生マンションを探すのであればそれでも良いかもしれませんが、高齢者の住宅探しをサポートすると言うには、あまりにも不親切です。なぜ、入居したいのか、どのような不安があるのか、どのようなサービスが必要なのか等、一人一人、入居を考えている事情は違います。第三者の専門家が間に立って、ていねいに説明、アドバイスしなければ、高齢者がそのニーズに合った住居を探せるはずがないのです。

行政は「十分な説明・情報開示」「入居者に不都合な事項も事前に説明すべき」という立場ですが、述べたように、事業ノウハウが乏しい上に、営利目的で運営している事業者に対して、それを完全に求めることはナンセンスです。

有料老人ホームや高専賃等のニーズ・需要が高まる中で、この公的な相談センターの設置は不可欠です（図8・1）。この相談センターが、その地域内の有料老人ホーム・高専賃等の「立地・環境」「住居・設備」「利用目的」「サービス内容」「経営状態」「経営姿勢」等について調査できれば、その情報を基にその入居者に合った高齢者住宅を紹介することができます。

図8・1　高齢者住宅相談センターの構想

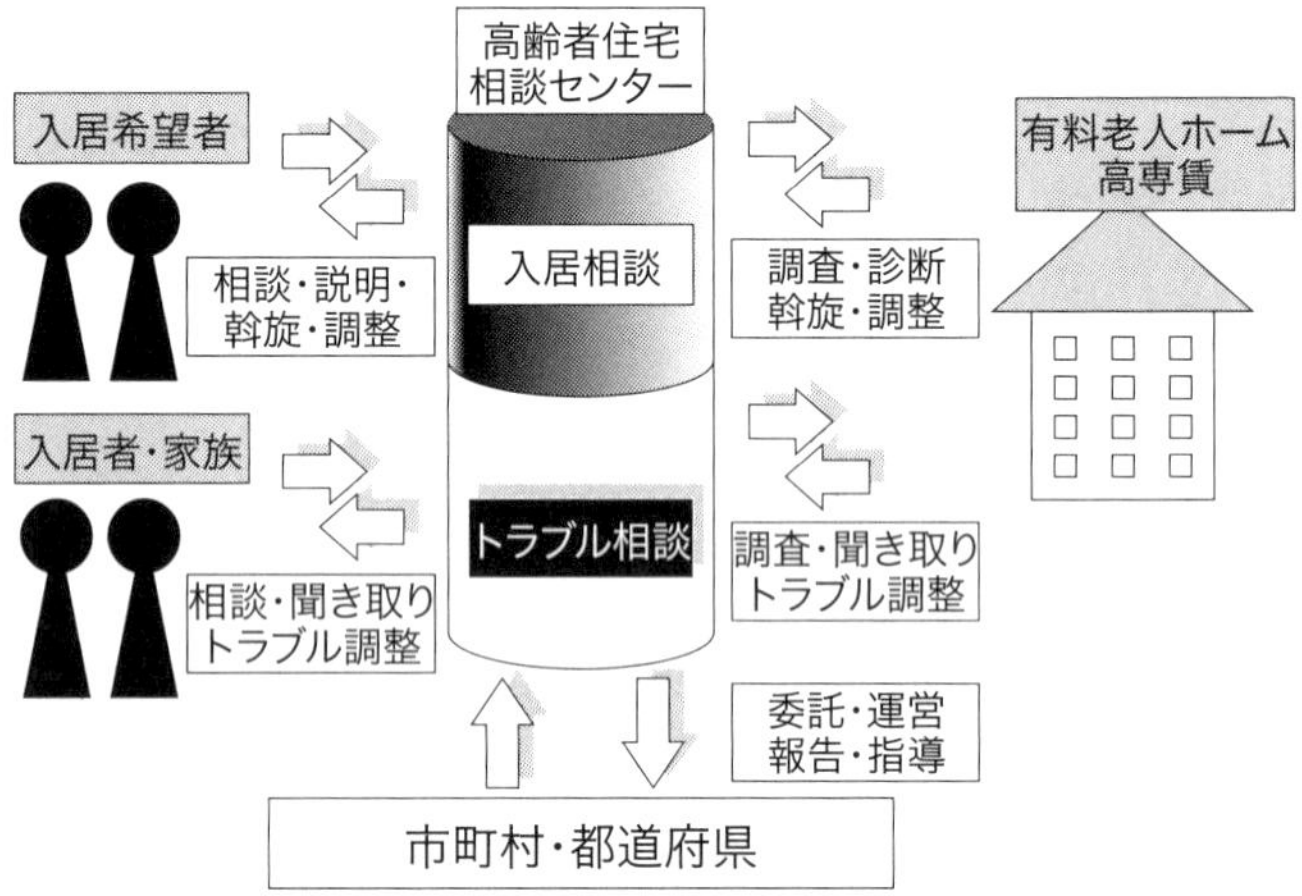

現状、月額費用や入居一時金の返還金についてのトラブルも増えていますが、事業者によって、返還金の計算方法や、表示された月額費用に含まれる金額もそれぞれに違うというのが実情です。契約内容や「どこまでのサービスが月額費用に含まれるのか」「半年で退居した場合の返還金」「体験入居ができるのか」等、第三者の立場で説明することができれば、入居者も安心です。紹介の責任を明確にするために、入居後に「契約違反」等が発生した場合、入居者の立場で事業者と対峙できるよう、入居決定においては相談者からも一定の紹介料を徴収することも考えても良いでしょう。

もう一つは、入居後のトラブル相談・トラブル調整です。

今後、懸念されるのが、長期入居リスクを回避するために、トラブルや認知症等を理由として、途中退居を求められる高齢者が増えるのではないかということです。述べたように、入居者にとって利用権は非常に弱い権利であり、一方的に退居を求められても、その対抗措置がありません。また、現在でも「契約通りにサービスが提供されていない」「契約に書いてあるサービス内容と違う」等といったトラブルが急増していますが、その問題を解決するには、裁判に訴えるしかなく、実質的に泣き寝入りとなるケースがほとんどです。

また、高専賃や有料老人ホーム事業者にとっても、「家賃・利用料の未払い・滞納」「他の入居者への迷惑行為」等、入居後、様々なトラブルが発生しますが、要介護高齢者の場合、無理に退居を求めることはできないという意見も増えています。入居一時金の返還金でも、「説明した」「聞いていない」といった問題は水掛け論になりがちです。裁判に訴える前に、このような問題を調整してくれる第三者機関は必ず必要です。

この二つの業務は関連しています。

トラブル相談を受け付けることによって、その老人ホームや高専賃の経営姿勢や内情が見えてきますから、入居相談・紹介業務に生かすことができます。現在、無届施設の中には、入居契約書、説明資料の整備すらできていないところもあるようですが、事業者としても、経営の透明性を高め、当該相談センターの信頼を得なければ、入居者を集められないということになります。また、入居時の説明や様々なトラブルに対しても、誠意を持って対応することが求められます。この相談センターが機能すれば、その地域の高齢者住宅全体の質は、確実に上がるはずです。

この相談センターは、営利事業や届け出制にするのではなく、自治体ごとの必要数を定め、行政の責任で設置し、その役割・責任を明確にするべきだと考えています。地域の高齢者住宅の事業内容・サービスの質を正確に把握することが必要ですし、第三者の中立な立場で、的確に相談対応、情報提供することが求められます。そのための調査を行うには、一定の強制力も必要です。入居者や家族に対して、高齢者住宅に入居するメリットだけでなく、デメリットやリスク等についても、詳細に説明しなければなりません。

述べたように、運営費の一部については、紹介料等の手数料を当てることも検討すべきですが、手数料のみを収益源とすると、「入居ありき」「紹介ありき」となってしまい、中立性が損なわれることになります。トラブル対応についても、法律的な問題や福祉施設への入所検討等、相談センターだけでは、対応しきれない問題もでてきますから、行政の一定関与は不可欠です。

相談者には、社会福祉士、福祉住環境コーディネーター等の一定の資格保持者が望ましいと思いますが、現状、どのようなトラブルが発生しているのか、どのようなクレームが多いのかを精査すれば、「何を説明しなければならないか」は、見えてきますし、水準を維持するための最低限の相談マニュアルは、すぐに策定できるはずです。

また、行政による監査も、年に一度、定期的に形式的に調査するだけでは、実情を把握するには限界がありますが、この相談センターと行政が連携すれば、有料老人ホームや高専賃等に対して、画一的で表面的でない的確な指導が可能になります。

どの単位で行うのか、どの省庁が管理するのか検討しなければならないことはあると思いますが、法的な問題を含め、早急に検討されるべきだと思います。

3　特定施設入居者生活介護の指定には、一定の行政管理が必要

もう一つ重要なことは、急増する需要に対して、どのように民間の高齢者住宅を増やしていくのかということです。自宅で生活できない要介護高齢者が増えるのは、団塊の世代が高齢化するこれからが本番です。要介護高齢者、独居高齢者は急増し、核家族化の中で家族介護機能は低下、クッションの役割を果たしていた長期入院も削減させ、行き場のない要介護高齢者は、右肩上がりで増えています。

早急に対策を取らなければならないのですが、現在の行政施策はその逆を向いています。介護保険財政悪化の要因だとして一律に行った介護付有料老人ホームの総量規制、登録だけで開設可能になった「一定水準の高専賃」の登場によって、高齢者住宅の質も量も全く担保・管理できない状況になっています。現在行われている規制・施策は、中長期的に見れば、トラブルを増加させ、入居者保護を放棄し、介護保険財政悪化させるだけの最悪の方向に向かっているといっても、過言ではありません。

特に、これから考えなければならないことは、急増する低所得・低資産の要介護高齢者の住

居の確保です。

私は、社会福祉士として、介護サービスの現場で様々なケースを見てきましたが、低所得の独居高齢者が住んでいる賃貸アパートの多くは、築20年以上経過した古いものが多く、バリアフリーでもありませんし、エレベーターがついていないところもたくさんあります。骨折や脳梗塞等で要介護状態になると、それまでと同じように生活することが難しくなります。「高齢者専用賃貸住宅」と言っても、入居時から要介護高齢者を対象としているものはごく一部ですし、その場合でも月額費用は高くなります。現在の民間の有料老人ホームには、金銭的にとても入居できません。

また、特別養護老人ホームは、低所得者対策が含まれていたこれまでの福祉施策から大きく変化し、全室個室の新型特養ホームは、生活保護受給者を対象としていないところもあり、その枠はより狭くなっています。また、絶対的に不足していますから、要介護4・5といった重度要介護高齢者を優先としていますが、それでも入所待ちという状態になっています。一方、養護老人ホームもケアハウスも、要介護高齢者は入所できません。低所得の要介護高齢者は行くところ、生活する場所が本当にないのです。

これからの高齢者問題は、「要介護高齢者対策、住宅対策、低所得者対策」の三位一体の検討が不可欠です。それは行政が積極的に関与しなければ対応できません。

まず、早急にやり直さなければならないことは、市町村単位又は、介護保険同一エリア単位の介護サービス事業計画・高齢者住宅事業計画の再策定です。

これまでも、同様の介護福祉計画等が策定されていますが、その多くは「どれだけのサービスを提供するのか」という量的な視点からの検討しかされていません。そのため、訪問介護・訪問看護・通所介護等、サービス種類単位で、要介護高齢者数の総数・増加に合わせて、一定割合で作られています。特定施設入居者生活介護に対する総量規制も同じ考え方です。

しかしこれでは、その地域性に合った本当に必要なサービス量・サービス内容を検討することはできません。同じ要介護高齢者数であっても、都心部や東京のベッドタウンとして急成長してきた市と、山間部・農村部の市町村とでは、必要なサービス内容・サービス量は全く違うはずです。資産階層、地域ネットワーク、人口密度、独居率等についても、勘案しなければ、本当にそのエリア内に必要なサービスは見えてきません。その地域性は、一つ一つ違うはずです。また、福祉施設である特別養護老人ホームを増やすのか、高齢者住宅を含め在宅サービスに力を入れるのかは、その地域の財政状況や首長の考え方によって大きく違ってくるでしょう。

私は高齢者住宅の開設セミナーで、高齢者住宅は制度ではなく「入居する高齢者をどのようにサポートするのか」という視点で、商品内容を検討すべきだと事業者の方々にお話をしていますが、市町村・都道府県で策定すべき事業計画も同じです。「高専賃○人分」というような「必要な量を策定」するという視点ではなく、その市町村・エリアで生活する高齢者の生活をどのようにサポートするのか、全体でどのようなシステムを構築するのかという点から考えなければなりません。言い換えれば、それは限られた財政・人材を最も効率的・効果的に活用するには、どのような介護・医療ネットワークを構築するのか、サービスを配置するのかという視点なのです。

中でも、特定施設入居者生活介護の指定の見直しは不可欠です。

特定施設入居者生活介護の指定枠は絶対的に増やさなければなりません。ただ、訪問介護や訪問看護とは違い、その総量がどれだけ増えても、その地域の高齢者の介護・福祉ネットワークには全く寄与しない可能性があるということも理解しなければなりません。

訪問介護・訪問看護は、民間企業が行っても、社会福祉法人が行っても、サービス内容に大きな違いはありません。通所介護等の通所サービスでも、どの事業所でも、ほぼ同程度の価格で、規定された介護サービスが提供されています。そのサービス内容を考えると、高収入の人しか利用できない、飛びぬけて高額な利用料がかかる訪問介護・通所介護というのはありません。

しかし、介護付有料老人ホームを見るとわかるように、同じ特定施設入居者生活介護の指定を受けても、その価格・サービス内容は、それぞれに大きく違います。また、同程度の介護サービス内容であっても、その価格設定は事業者によって大きく違っています。低所得～中所得層の住居不足が問題となっている地域に、入居一時金が数千万円の介護付有料老人ホームが開設されても、そこに住む高齢者はほとんど入居することができないのです。

これは、運営に関しても、同様のことが言えます。

価格設定・サービス内容設定だけでなく、実際にどのような高齢者を入居させるのかは、事業者に一任されています。現在、総量規制で行われているような「混合型」「介護専用型」といった区分けも、実質的には全く意味がありません。介護保険に規定された介護サービスの中で、この特定施設入居者生活介護だけは、特殊なものであり、量的管理・総量規制だけでは、対応できないのです。

私は、特定施設入居者生活介護の必要数の内、一定枠は行政が管理する必要があると考えています。価格帯・ターゲット・サービス内容・運営指針について、一定の基準を定めて指定すれば、その地域性にあった高齢者住宅を作ることができます。同時に、「特定施設の増加は介護保険財政悪化の一因」ということはなくなり、高齢者住宅の増加が介護保険財政の効率的運用に寄与することにもなるのです。

4　地域に密着した高齢者住宅を、どのように増やしていくのか

高齢者住宅事業を、行政（市町村等）の一定の管理・主導で、どのように増やしていくのかについて、簡単に私案を示して置きます。

①ターゲット検討

基本的なターゲットは、その地域で暮らす低所得〜中所得の要介護高齢者です。述べたように、基本的に自立高齢者と要介護高齢者のニーズは違いますし、実際の運営を考えると、発生しうるリスクやトラブルも違ってきます。また、介護保険報酬や指定基準、介護保険制度の方向性を考えても、特別な事情がない限り、これからの高齢者住宅は、自宅で生活できない要介護高齢者を対象とするべきだと考えています。

自立・要支援の独居高齢者で、不安を抱える高齢者も増えてきますが、低価格の高齢者住宅は、「介護が必要になれば、自宅で生活できなくなれば高齢者住宅に入居できる」という安心の担保としての役割も大きくなります。

②制度・システム検討

私は、現行の制度を基礎とするのであれば、一定水準の高専賃ではなく、「賃貸方式の有料老人ホーム」の制度基準を基礎として考えるのが良いのではないかと考えています。有料老人ホームは高額で、高専賃は低額というイメージが強いのですが、それは旅館よりホテルが高いというイメージと同じで、制度と価格は一致しません。一定水準の高専賃で、要介護高齢者にも対応できる建物・設備を用意しようと考えると、建設費用は、高専賃の方が高くなります。

要介護高齢者を対象とする場合、一定水準の高専賃に示された居室内水準ではなく、共用部・

共用設備がより重要になりますから、有料老人ホームが相応しいということ、また利用権では、家賃補助や生活保護の対象とならないため、借家権が相応しいということです。無理に低価格に抑える必要はなく、支払い可能な高齢者には相応の負担を求めればよいですし、逆に生活保護受給者や低所得者には、減額できるような価格設定が必要です。また、介護看護サービスの安定的な提供、またその責任を明確にするためには、基本的に特定施設入居者生活介護の指定を採ることが必要だと考えています。ただ、今後は、一定の介護システムとなる現在の一般型特定施設だけでなく、要介護度の変化に柔軟に対応できる外部サービス利用型特定施設も含めて検討すべきだろうと思います。

③事業者の公募・ＰＦＩ・運営委託

行政管理で高齢者住宅を増やすには、いくつかの方法が考えられます（表８・１）。

一つは、特定施設入居者生活介護の指定を前提とした公募です。まず、基本的な指針やターゲット、サービス内容、価格設定、指定枠、入居基準等について行政（市町村）が示します。これに対して、事業希望者がそれぞれに事業計画を策定、市町村は事業リスク、事業者のノウハウ、企業安定性等を慎重に審査し、指定事業者を決定するというものです。

二つ目は、ケアハウスでも行われたＰＦＩ手法の検討です。ケアハウスの場合、要介護度の変化等に対応しにくくケアハウス自体の事業性が厳しいこと、また運営にあたって特定施設入居者生活介護の指定が求められたこと等から中途半端な結果となりましたが、考え方としては面白いと思います。

表8・1　行政（市町村）が管理する高齢者住宅

手法	建設整備	運営	水準設定・監視
事業公募方式	事業者（そのまま所有）	事業者	市町村
ＰＦＩ方式	事業者（市町村に売却）		
運営委託方式	市町村		

最初の公募方式と大きくは変わりませんが、事業者が決定すると、事業者が建物・設備を建設。竣工後は事業者が市町村に建物を売却し市町村が所有。市町村は、事業者へ建物・設備を賃貸で貸し、事業者が運営・建物設備の維持管理を行います。「ＢＴＯ方式」と呼ばれるものです。所有権を移転しなくても、民間事業なので、公募のままでも良いのではないかという考えもありますが、民間の企画力によって総事業費を削減し、かつ事業の安定性を高める一つの手法ではあると思います。

もう一つは、運営委託です。

建物設備は、市町村が建設し、実際の運営を地域の社会福祉法人や医療法人に委託するというものです。いわゆる要介護高齢者を対象とした市営住宅です。入居者募集リスクを考えると、運営事業者に対して一棟貸しとするのか、部屋単位や入居率によって賃貸料を検討するのか、家賃だけは市町村が徴収するのか等については、ケース毎に検討すべきでしょう。特に、地域の社会福祉法人に運営を委託する場合、入居者募集のリスクを分散するということも考えなければなりません。地域密着ということを考えると、都市部以外では、この手法が最も現実的かもしれません。

大きくはこの3つに分かれると思いますが、どの手法を取るのかは、都道府県や市町村単位で最も適した方法を考えれば良いでしょう。また、高齢者専用賃貸住宅の賃借人はこれまで、個人に限定されていましたが、社会福祉法人等への賃貸も可能となりました。十分、検討に値するものだと思います。ただし、どの手法をとるにしても、それぞれの事業性や事業リスク、運営事業者の事業ノウハウ・経営の安定性等、正確に把握することが求められます。また、開設後も、当初の指針が守られているか、順調に運営されているか等について定期的なチェックは必要です。

この行政管理の高齢者住宅は、民間企業が運営する高齢者住宅事業を阻害するという意見も出てくると思いますが、そうとは限らないでしょう。ニーズは多様化しているからです。高い費用を出してでも、手厚い介護サービスを受けたいという高齢者も増えています。また、医療法人が運営する医療ニーズの高い高齢者に対応できる高専賃、有料老人ホーム等の需要は高くなっています。そのため、必要とされる総量の内、一定枠は、民間企業の自由な発想で企画・開設されるようにしておくべきだろうと思います。ただし、その場合でも、現在のように、届け出すれば、資料が整っていれば指定が受けられるというものではなく、企業の安定性や事業計画の問題点等、しっかりとチェックする必要があることは、いうまでもありません。

この行政が一定管理する高齢者住宅のイメージは、特別養護老人ホームと民間の介護付有料老人ホーム等との中間に位置するものです。全国一定基準で設置・運営される福祉施設ではなく、市町村の主導で、地域性・地域ニーズに合わせて商品設計（サービス・価格・ターゲット等）が可能な高齢者住宅です。その基礎となる特定施設入居者生活介護の指定枠をどのように使うのかは、行政のマネージメント能力が大きく試されるということでもあります。

急増する、行き場のない要介護高齢者の生活をサポートするためには、優良で低額な高齢者住宅は不可欠です。建設等に一定の補助金を支出しても、事業として安定すれば、生活保護費の増加を抑えることができます。また、有料老人ホームや高専賃等は、要介護高齢者が集まって生活しているのですから、効率的な介護保険財政の運用が可能です。

問題となっている無届施設が増えている最大の原因は、そこに大きな需要があるからです。現状は、行き場のない高齢者を積極的に受け入れてくれる施設事業者に対して、行政も見てみぬふりをし、一度入所者が入ってしまえば、厳しく指導することはできなくなります。それは、高齢者が不安定で劣悪な環境に置かれるということだけでなく、社会保障費の増大を招くことになるのです。

今、早急に検討しなければならないことは、将来の展望なしに一律に規制することではなく、現行の制度を利用しながら、地域ニーズに沿った優良な高齢者住宅を増やしていくことなのです。

5　高齢者住宅事業――これからの課題――

最後に、これからの課題について、三点挙げておきます。

①届け出強化・指導監査体制強化

一つは、有料老人ホーム、高専賃の制度間の歪みを解消し、すべての高齢者住宅に対して、立ち入り検査・監査指導を徹底させることです。

高齢者住宅事業は、生活の根幹となるサービスであることに加え、利用者である高齢者が弱い立場になりがちであること、閉鎖的な体質になりやすいこと等から、不正や不透明な経営・サービス提供が行われると、入居者だけでなく、その家族も含め生活全般に回復できないほどの大きな負担をしいることになります。届け出・指導監査の徹底は不可欠です。

しかし、実際には無届施設に対しても、「低価格で行っている」「スタッフの努力で成り立っている」等と擁護する声も小さくありません。

先日のテレビのワイドショーで、福井県の担当者が無届施設に対して届け出を促しているのに対し、「行政の一律の基準で縛るとは何事だ」という論調で、コメンテーターが厳しく非難しているのを目にしました。全体としての作りも「契約書など、これまでも作っていないし、作る気もない」「スプリンクラー等つけない」という事業者側の意見を紹介し、これをそのまま当然視するというものでした。その放送の数日後に、群馬県での火災が発生したことから、恐らくマスコミの論調は変わることになると思いますが、このような視点で捉えている人も多いということがわかりました。

最低の基準すら整っていない、消防法や建築基準法に抵触するような建物・設備に要介護高齢者を集め、系列の在宅介護サービスを限度額まで利用すれば、収益を上げることができます。入居者の利用料は低額で、表面的には「福祉」「人助け」を標榜していても、やり方によっては、建物・設備・人員配置等に一定の基準がある介護付有料老人ホームとは比較にならないほどの、高い利益が得ることができるのです。

確かに、無届施設の中にも真剣に地域の高齢者のために取り組んでいる人が多いということは認めます。それでも、現状では「基準がない」「監視の目が届かない」ということは事実です。また、一人のカリスマ的な経営者によって実質的に支えられているケースも多く、事業の継続性という面から見ると、非常に不安定です。利用料が安いから、地域の高齢者に支援されているからと言って、業として行っている以上、「真面目にやっているから良い」ということにはならないはずです。

この問題を解決するには、まずは届け出させ、そのサービス・経営の中身をしっかり掴むことが第一歩です。「高齢者以外も入居している」といった言い訳は許さず、人数規定はないのですから、厳格に「高齢者が一人でも入居していたら有料老人ホームの届け出を義務とする」ということにすれば良いのではないかと思います。

加えて、制度に合致しているか、不正が行われていないかという「指導監査」だけでなく、今後は、経営状態の把握や経営に関する指導も行うべきだと考えています。

公的な介護保険制度を利用して運営しているのですから、経営が悪化しているのに一部の経営者だけが高額の収入を得ていないか、内部に留保すべき資産が外部に流れていないか等については詳細に調査すべきです。

そのためには、長期安定的に経営が可能かという「事業診断」という側面からの監査も必要です。制度に合致していても、ある日突然、倒産・事業閉鎖になれば、大混乱に陥ることになります。述べた、入居一時金の長期入居リスク等についてもチェックし、一定の強制力を持ってその改善指導を行うべきでしょう。民間企業といっても、公的な介護保険制度を利用しているのですから、数年に一度は、経営状態を的確に把握し、長期安定経営が行われているかの確認や経営指導が必要です。

介護報酬の不正受給や補助金の不正取得等も大きな問題となっていますが、チェック体制不足を「性善説」等といった誤魔化しで片付けるのではなく、基本的に不正ができないシステムを構築すべきです。現状では、どれだけ資金を投入しても、スタッフの待遇改善や入居者のサービス改善に結びつくのは、その一部でしかありません。

厳しいようですが、無届施設に対しては、同一グループで行っている訪問介護や通所介護等に対する介護報酬の支払差し止めや、指導指針に合致した有料老人ホームと、合致しない有料老人ホームとの介護報酬の格差等も検討しなければならないでしょう。ただし、これは、実情に応じて、各市町村、都道府県単位で検討すべきことです。

更に、今後、届け出を行わない施設や指導や監査に従わない場合、経営者に対する告訴や、入居者やスタッフを守るために、当該事業の一時公営化も検討しなければならないこともあるでしょう。これは有料老人ホームだけでなく、高専賃も同様です。

それは非常に大変なことですが、これまで適切な指導や監査を行わず、民間の高齢者住宅事業者を野放しにしてきたツケを払わなければならない時期は、早晩、必ずやってくるのです。

②都道府県・市町村単位で基準緩和を

届け出は強化すべきですが、それは、すぐに現行の「有料老人ホーム設置運営指導指針」に従えというものではありません。この基準に沿った設備・人員配置を整えるためには、建て替えや価格改定が必要となり、高額なものにならざるを得ません。まずは、「事故や火災、衛生面等に問題ないか」「契約に従って、適正に運営されているか」「虐待・人権侵害等が行われていないか」といった、現在の入居者が、安全に最低限の生活を維持することができているのかを正確に把握することが重要です。

逆に、私は都道府県単位で、「有料老人ホーム設置運営指導指針」の基準を緩和させ、その地域性に合わせた基準の設定を検討すべきだと思っています。無届施設の中には、九州を中心に独自の進化を遂げている「宅老所」等もあります。新築にしなくても、その地域で活用できる建物や家を改装して、低価格で住居を提供すると言う方法もあるでしょう。特に、建物基準にこだわりすぎると、低所得者対策は進まないことになります。

これは、福祉施設も同様です。

補助金を使って建設されている新型特養ホームには、生活保護受給者等の低所得者は入居できないという非常にいびつな状況になっています。また、民間が運営する介護付有料老人ホームよりも、福祉施設である新型特養ホームが豪華で設備が整っているというケースも多く、特養ホームに入居できた一部の人は、少ない負担で設備の整った施設で生活できるために非常にラッキーですが、外れた人は、厳しい生活を余儀なくされるという状況が続くことになります。

セーフティネットの高さを上げるために、そのネットの幅を狭くするということでは、全く意味がありません。本当に困っている人をサポートするためには、少しでも多くの人が入所できるように、準個室を認めるなど、その地域に合った施策がとれるように検討すべきだと思います。

③制度の方向性を示せ

もう一つは、現在の高齢者住宅や介護保険制度の問題点を整理して、その方向性、将来像を早期に示すべきだということです。

第5章、第6章でも述べたように、現在の高齢者住宅制度は、省庁間の歪みが大きく、介護報酬体系も効率的な運用ができているとは言えません。また、財政状況はますます逼迫していくため、将来的には、「負担割合が一割から二割へ」「有料老人ホームや高専賃に対する区分支給限度額方式の見直し」等、高齢者住宅に関する適用方法が大きく変わらざるを得ないのではないかと考えています。

介護サービス事業は、事業者の経営責任が問われる営利事業である反面、事業者の手の届かない制度変更や介護報酬の改定に経営が大きく左右されるという特殊な事業です。特に、高齢者住宅事業の場合、制度・報酬変更によって、事業が成り立たなくなった場合でも、「ではやめます」と簡単に閉鎖できるものではありません。介護保険制度は、医療保険とは違い混合介護が基本ですから、各事業者の責任で、入居者に転嫁されることになります。

制度の大きな改定が行われた場合、入居者に対する負担が増加するということだけではなく、事業として継続が難しくなる可能性もあります。また、このような流動的な制度では、各事業者も長期的な展望に立って、商品企画や事業計画を策定することができず、時々の報酬改定に右往左往し、より短期的な収益確保を目指して運営を行うことになります。

その他、管理費や利用料等の値上げに関する基準づくり、高齢者住宅の居住権のあり方など、高齢者住宅業界の安定のために検討しなければならない課題は山積しています。これらは、事業者と入居者との契約問題ではなく、できるだけ早期に法律・制度として確立しなければなりません。

「監査指導体制の見直し」「建物設備基準等の柔軟的対応」「長期的な制度設計」が、これからの高齢者住宅事業の立て直しには不可欠です。また、限られた社会保障の財源を効率的に運用し、効果的に細かな対応を行うためには、国ではなく市町村単位で柔軟な対応を行なわなければなりません。そのためには、現在のトップダウンの行政システムを大きく変えなければならない時期にきているということです。

解説　介護保険制度の基礎知識

介護保険制度の基本的な利用の仕組みは、日常生活に何らかの支援・介護が必要（要支援～要介護5）だと認定された高齢者が、毎月、その介護の必要度と希望に応じて介護計画（ケアプラン）を作成し、そのケアプランに基づいて介護サービスを受けるというものです。受けた介護サービスの内容とサービス量によって介護報酬が算定され、その内の1割が原則、自己負担となり、残りの9割が公的な介護保険から支出されます。

まず、日常生活に介護サービスが必要か否か、どの程度の介護が必要かを決めるのが要介護認定です。これは、ケアマネージャーの訪問調査と医師の意見書をもとに、市町村に設置された介護認定審査会が、総合的に判断します。要介護度認定の結果は、要支援1・2、要介護1～5の7つに分けられます（要介護5が最重度）。

次にケアプランですが、例えば、要介護低認定で「要介護2」だと認定されても、どのような介護サービスが必要かは、機能の低下している身体の場所や、本人の希望等に大きく左右さ

表① 介護保険で利用できるサービス

区分支給限度額方式	訪問介護★ 訪問入浴介護★ 訪問看護★ 訪問リハビリテーション★ 通所介護★ 通所リハビリテーション★ 認知症対応型通所介護★ 福祉用具貸与★ 短期入所生活介護★ 短期入所療養介護★ 夜間対応型訪問介護★
日額包括算定方式	介護老人福祉施設 （特別養護老人ホーム） 介護老人保健施設 （老人保健施設） 介護療養型医療施設 （介護療養病床） 認知症対応型共同生活介護 （認知症高齢者グループホーム）★ 一般型特定施設入居者生活介護 （介護付有料老人ホーム等）★ 地域密着型＊介護老人福祉施設入居者生活介護 地域密着型＊特定施設入居者生活介護★
その他の算定方式	外部サービス利用型特定施設入居者生活介護★ 小規模多機能型居宅介護 （地域密着型）★ 居宅介護支援★ 住宅改修費★ 居宅療養管理指導★ 福祉用具購入★

★には要支援高齢者を対象とした予防介護の適用がある。
＊ 地域密着型は、定員 29 人以下で市町村が指定・指導・監査を行う（それ以外は都道府県）。

れます。ですから、それぞれの高齢者に合った介護計画を策定することが必要になります。この介護計画のことをケアプランと言います。介護保険制度で受けられるサービス内容は、訪問介護、通所介護等、24種類あります。

要介護高齢者が介護保険制度で受けられるサービスを、介護保険サービスの利用方法（介護報酬の算定方法）という視点で分類すると、「区分支給限度額方式」「日額包括算定方式」「その他の算定方式」の三つに大きく分かれます（表①）。

一つは、区分支給限度額による方式です。これは、ケアプランに基づいて、訪問介護サービス、訪問看護サービス、通所介護サービス等の希望するサービスを受けるものです。要介護度別に設定された区分支給限度額が設定されており、この区分支給限度額までは、介護保険制度が利用されますが、その限度額を超えて利用した場合は、超えた部分については、全額自己負担となります。介護報酬は利用したサービスの種類（訪問介護等）と、利用した回数によって算定されますから、ケアプランが立てられていても、実際にサービスを利用しない場合は、費用はかかりません。

二つ目は、日額包括算定方式です。これは、入居者の要介護度と、その住居・施設に入居していた日数によって計算されるもので、住居に付属して介護サービスを提供する介護付有料老人ホームや特別養護老人ホーム等に適用される方式です。この指定を受けた老人ホームは、その指定基準に定められた介護・看護スタッフを雇用し、その入居者はケアプランに基づいて、老人ホームから介護サービスを受けます。日額算定方式の場合は、入居していた日数によって計算されますので、その日の体調の変化で、予定されていた食事介助や入浴介助介護を受けなくても、介護サービスにかかる一割負担の費用は変わりません。

その他の方式には、住宅改修、福祉用具販売等、別途算定されるものがあります。また、高齢者住宅に適用される外部サービス利用型方式は、区分支給限度額方式と日額算定方式をミックスしたような形です（介護報酬の概要については、第6章で詳しく述べています）。ただし、この外部サービス利用型の指定は、あまり進んでいません。

この介護保険制度は、まだその骨格が固まりきっておらず、負担割合の増加や、将来的には、高齢者医療制度や障害者自立支援法との統合も視野に入れて検討され始めていますので、その制度の方向性について、注意を払うことが必要です。

介護保険制度と高齢者住宅・施設の種類

一般に「老人施設」と呼ばれるものでも、老人福祉法上の施設と介護保険法上の施設は違うことから、非常にわかりにくくなっています。ここでは、介護保険制度の適用方法を中心に、高齢者住宅や高齢者の施設を整理します（表②）。

まず、介護保険制度が適応されないものとして、制度上利用できない軽費老人ホーム（A

表②　介護保険制度と施設・住宅

<table>
<tr><td rowspan="3">介護保険
適用不可</td><td colspan="2">医療保険適用</td><td>一般病院、医療療養病床</td></tr>
<tr><td colspan="2">制度上不可</td><td>軽費老人ホーム（A型・B型）</td></tr>
<tr><td colspan="2">契約上不可</td><td>健康型有料老人ホーム</td></tr>
<tr><td rowspan="7">介護保険
適用</td><td>区分支給
限度額方式</td><td>区分支給限度額</td><td>自宅（一般住宅）
住宅型有料老人ホーム
ケアハウス
高齢者向け優良賃貸住宅
高齢者専用賃貸住宅
高齢者円滑入居賃貸住宅</td></tr>
<tr><td rowspan="5">日額包括
算定方式</td><td>介護老人福祉施設</td><td>特別養護老人ホーム</td></tr>
<tr><td>介護老人保健施設</td><td>老人保健施設</td></tr>
<tr><td>介護療養型医療施設</td><td>介護療養病床</td></tr>
<tr><td>一般型特定施設入居者
生活介護</td><td>介護付有料老人ホーム（一般型）
ケアハウス
一定水準を満たした高専賃
高齢者向け優良賃貸住宅</td></tr>
<tr><td>認知症対応型
共同生活介護</td><td>認知症高齢者グループホーム</td></tr>
<tr><td>その他
算定方式</td><td>外部サービス利用型
特定施設</td><td>介護付有料老人ホーム
（外部サービス利用型）
ケアハウス
一定水準を満たした高専賃
高齢者向け優良賃貸住宅
養護老人ホーム</td></tr>
</table>

型・B型）、医療保険が適用される一般病床、医療保険療養病床等の病院が挙げられます。また、健康型有料老人ホームは、契約上、介護サービスが必要な状態になると、契約を解除し退居することが求められます。

介護保険サービスの適用方法から住居や施設を分類すると三つに分けられます。

一つは、区分支給限度額方式によって、訪問サービスや通所サービスを受けることができる住宅です。これは、一般住宅の他、高齢者専用賃貸住宅や特定施設入居者生活介護の認可を受けていないケアハウスや住宅型有料老人ホームが当てはまります。

二つ目は、特別養護老人ホーム（介護老人福祉施設）、老人保健施設（介護老人保健施設）、介護保険療養病床（介護療養型医療施設）で、この3施設を合わせて施設サービスと呼ばれています。施設サービスは、すべて日額包括算定方式です。

三つ目は、「特定施設入居者生活介護」の指定を受けた高齢者住宅です。この指定を受けた高齢者住宅を「居住系サービス」と呼んでいます。この特定施設入居者生活介護は、全額が日額包括算定方式の一般型特定施設と、一部を出来高で算定する外部サービス利用型特定施設に大きく分かれます。この外部サービス利用型は、外部の訪問介護や訪問看護等から介護サービスを受けるのですが、その指定を受けた特定施設（有料老人ホーム等）の責任で介護サービスが提供されるため、住宅型ではなく、介護付有料老人ホームに分類されます。その他、認知症高齢者グループホームも居住系サービスの中に含まれます。

高齢者関連施設・住宅の概要は次の通りです（整備数は、２００８年４月現在の概数）。

①医療療養病床（医療保険適用により介護保険利用できない）

医療保険適用の療養病床は、長期的に密度の高い医療ケアが必要な患者のための病床。高齢者専用ではない。介護保険施設ではないために、要介護度の認定は必要ない。

②介護療養病床（介護療養型医療施設）

常時の医療ケアが必要な要介護高齢者を対象とした長期療養病床。現在全国で約11・6万床程度整備されているが、医療型療養病床との違いが明確でなく、医療ケアが必要でない高齢者も多く入院しているという指摘があり、２０１２年に廃止される予定。

③老人保健施設（介護老人保健施設）

介護保険の施設サービスの一つである「介護老人保健施設」。病院からの退院後、ある程度病状が安定した高齢者の在宅復帰のための施設で、全国で約31万床が整備されている。リハビリや生活相談などを中心として、入所期間は3ヵ月〜6ヵ月程度が目安とされているが、介護保険制度の導入後は、入所期間が長期化し、特別養護老人ホームの代替施設となっているところもある。

④特別養護老人ホーム（介護老人福祉施設）

老人福祉施設であると同時に介護保険の施設サービスの一つである「介護老人福祉施設」で、全国で約42万人分が整備されている。費用が安く、他の施設のように転居する必要がないことから人気が高いが、待機者が多く、入所は非常に難しくなっている。今後は、要介護4・5等の重度要介護の高齢者や一人暮らしで介護者がいない高齢者、介護虐待・介護拒否を受けている高齢者など、緊急の支援が必要な高齢者のための入所施設という役割が強化されることになる。

⑤養護老人ホーム（外部サービス利用型特定施設）

心身の状態や経済的な理由から、自宅での生活が困難となった高齢者を対象とした老人福祉施設で、全額公費（税金）によって運営されており、現在6・6万人分が整備されている。原則65歳以上で原則として自立して生活ができることが入所条件。これまで介護保険は利用できなかったが、2006年の介護保険法改正で、外部サービス利用型特定施設入居者生活介護の指定のみが可能となっている。

⑥ケアハウス（一般型特定施設、外部サービス利用型特定施設、区分支給限度額）

重度の介護は必要ないが、生活にある程度の支援が必要な高齢者を対象とした老人福祉施設。現在8・3万人分が整備されている。介護が必要となった場合は、区分支給限度額方式で訪問介護、訪問看護等のサービスを受けることができる。しかし、重度要介護状態となった場合、ポイント介助だけでは住み続けることが難しくなるため、退所を求められることも多い。現在でも介護保険の特定施設入所者生活介護（一般型・外部サービス利用型）の指定を受けること可能だが、指定を受けるケアハウスは一部に留まっている。

⑦軽費老人ホームA型・B型（制度上、介護保険は利用できない）

低額な料金で身寄りのない人や家庭環境、住宅事情によって、自宅で生活することが困難な高齢者が入所する施設。A型（給食付）、B型（自炊型）にわかれており、全国で約1・8万人分の施設が整備されている。基本的に生活は自立していることが条件で、公的補助によって低額な料金で利用できる施設だが、介護が必要となった場合でも、介護保険サービスを利用することができないため、ケアハウスへの移行が進められている。

⑧認知症高齢者グループホーム（認知症対応型共同生活介護）

認知症高齢者グループホームは、認知症の高齢者が、集団生活ではなく、少人数の家庭的な雰囲気の中で、介護サービスを受けながら、同時に助け合い生活を行う、認知症高齢者専用の住居施設。整備数は13万人程度。現在の規定では、1ユニット「5～9名」で一施設2ユニットまで（つまり最大18名）とされており、介護保険の「認知症対応型共同生活介護」の指定を受けて運営されている。

⑨健康型有料老人ホーム

自立した高齢者のみを対象にしたもので、食事等の日常生活サービスは提供されるが、要介護状態になった場合は、契約を解除して退居することが求められる。その多くは提携や系列の介護付有料老人ホームを併設しており、介護が必要となった場合にはそちらに転居できるというものが多い。定員数は2千人程度。

⑩住宅型有料老人ホーム（区分支給限度額方式）

住宅型有料老人ホームは、食事サービス等のサービスは有料老人ホームから受けるが、介護サービスについては、自宅と同じ区分支給限度額方式で、訪問介護や通所介護サービス事業所から受けるというもの。系列の訪問介護、通所介護等の事業所を併設、提携してサービス提供を行っているものもある。定員は3万人程度。

⑪介護付有料老人ホーム（一般型特定施設入居者生活介護）

一般型特定施設入所者生活介護の指定を受けた有料老人ホーム。その指定基準に定められた以上の介護・看護スタッフを雇用し、その入居者に対して介護サービスを提供する。現在の介護付有料老人ホームの大半が、この一般型。定員は14万人程度。

⑫介護付有料老人ホーム（外部サービス利用型特定施設入居者生活介護）

外部サービス利用型特定施設入所者生活介護の指定を受けた有料老人ホーム。ケアプランの策定、安否確認等の基本サービスは、有料老人ホームのスタッフが行い、食事介助、入浴介助等の個々の介護サービスは、老人ホームが契約した訪問介護・訪問看護等の外部サービス事業者が行う。この外部サービス利用型の指定を受けたものも、介護付有料老人ホームの一つだが、その指定はあまり進んでいない。

⑬高齢者円滑入居賃貸住宅（区分支給限度額方式）

高齢であることを理由に、入居を拒まない住宅として、家主が都道府県（又は指定機関）に登録した賃貸住宅。２００９年の高齢者居住安定確保法によって、登録のための基準（部屋の広さ・設備等）が設けられることになった。

⑭高齢者専用賃貸住宅（区分支給限度額方式、一般型特定施設、外部サービス利用型特定施

設）

高齢者円滑入居賃貸住宅の中で、高齢者専用の賃貸住宅。

そのなかで、住戸面積、居室内設備等において一定の居住水準をみたす高齢者専用賃貸住宅（「一定水準をみたす高専賃」）は、特定施設入居者生活介護（一般型・外部サービス利用型）の指定が可能だが、現在は、ほとんどが区分支給限度額方式を採っている。現在1・5万戸程度。

⑮高齢者向け優良賃貸住宅（区分支給限度額方式、一般型特定施設、外部サービス利用型特定施設）

バリアフリー仕様や緊急通報装置の設置など、一定の基準を満たしている高齢者向けの優良な賃貸住宅。建設費や家賃等の一部補助がある。現在1・2万戸程度。

おわりに――これからの高齢者住宅はどこに向かうか――

本書は、これまで私が自身のＨＰの中で、またセミナー等でお話してきた内容を土台としたもので、現在の有料老人ホーム、高齢者住宅業界への警鐘を鳴らすものです。

述べてきたように、高齢者住宅という産業は、大きな混迷の中にあります。残念ながら、倒産ホームやトラブルの増加によって、行き場を失う高齢者が急増、業界全体の信頼度が低下し、大きな社会問題となることは避けられないと考えています。

しかし、その一方で、現状を打開するための新しい動きも出てきています。

２００９年5月13日、参議院の本会議で、「高齢者安定居住確保法」が改正されました。同法は、「高齢者専用賃貸住宅」の根拠となる法律で、これまで国交省が単独で所管していたものを厚生労働省との共管に改め、住宅施策と介護施策、福祉施策を一体化して提供するという点が大きなポイントです。

私はこの方向性は正しいと思っていますし、歓迎しています。現在、同法による高専賃の制度は、不十分な有料老人ホーム制度に輪をかけるように混乱の原因となっているのですが、その修正に向かう一歩となっているからです。

それは同時に、現在、混乱している制度・業界が一定の方向性を持って収斂していくということであり、高齢者住宅・老人ホーム事業が大きく変化していく起点になるということです。

最後に、この法改正のポイントや課題を含め、これからの方向性について、三つの視点から整理をしておきたいと思います。

①指導・監査の強化

一点目は、高齢者住宅に対する指導・監査が統一され、強化されていくということです。

本書の中で指摘したように、現在の高齢者円滑入居賃貸住宅、高齢者専用賃貸住宅は、「高齢者を拒まない賃貸住宅」「高齢者専用の賃貸住宅」というだけで、その建物・設備についての登録基準はありませんし、それをチェックする行政機能もありません。高齢者は身体機能が低下するため、本来はバリアフリー等、その生活に適した建物・設備が確保されるべきなのですが、中には、狭い居室に複数の高齢者に押し込めている等、生活保護等の低所得者をくいものにしたような劣悪な環境の高専賃も報告されています。

しかし、法改正によって、「床面積、構造設備、賃貸条件」等の側面から登録基準が設定され、今後、基準以下の住宅については登録できないようになります。また、現在登録中の高専賃・高齢者円滑賃貸住宅も基準に合致していない場合、行政は必要な措置を取るよう指示することができるとしています。実務的には、登録物件を個別に精査し、更新制とすることによって、基準を満たさないものについては、再登録ができないようにするといった方策等が検討されることになるでしょう。

同時に、指導体制の一本化が進むことになります。

現在、都道府県でも、国の政策に基づいて、有料老人ホームの指導は高齢者福祉関連部局、高専賃等は住宅部局に分かれていますが、今後は統一されることになると考えています。現在問題となっている無届施設だけでなく、野放しとなっている高専賃でのトラブル拡大の可能性は強く、実務を行う都道府県・市町村単位での監査・指導体制の強化は不可欠です。

それぞれにサービス内容は違うため、福祉施設のような一律の基準で行うものではありませんが、介護報酬の不正請求、虚偽登録、介護虐待、契約違反等については、高齢者の権利や生活を維持するために、「有料老人ホーム」「高専賃」と言った制度に関係なく、指導・監査は強化しなければなりません。現在言われているような、「一定水準の高専賃だから監査がない」「高専賃は開設しやすい」といった制度的な歪みは是正されることになるでしょう。

実務を行うのは、各都道府県や市町村ですが、問題が大きく拡大した責任は、国にもあるのですから、監査・指導体制強化のための支援策をとるべきであると思います。

②高齢者居住安定計画の策定

2点目は、都道府県の「高齢者居住安定確保計画」の策定です。

高齢者安定居住法では、国交省と厚労省の施策を横断的に盛り込んだ基本方針を作成し、これに沿って都道府県で高齢者住宅や老人ホームの供給目標を定めるとしています。同法の改正の中で、国はこの策定にかかる費用の一部を補助するとしています。

この確保計画が、これからの高齢者住宅整備の基礎となります。

それは、これまで無軌道に増やされていた、高専賃（一定水準の高専賃、高優賃等）に対しても、一定の方向性や枠が検討されるということであり、サービス内容を含め、行政の一定関与の上で、計画的に増加させていくということでもあります。

本書の中でも触れたように、この「高齢者居住安定確保計画」には、「介護対策、住宅対策、低所得者対策」に加え、限られた財源をどのように効率的に活用するのかという視点が不可欠になります。

現在の総量規制のような国の定めた一律の基準では、それぞれ異なった地域ニーズにきめ細かく対応することはできません。そもそも、「有料老人ホーム」「高専賃」といった区分けは、ひとえに省庁間の綱引き・歪みの産物であり、「高齢者の安定した住居を確保する」という観点からは、全く意味が全くありません。

また、この確保計画は、都道府県単位で策定することとなっていますが、市町村の声を反映することができるよう検討を求める付帯決議が採択されています。限られた財源の中で行政がマネジメントを行うためには、国の用意した様々な施策をどうすれば最も効率的に利用できるかを、市町村毎に細かく把握し、検討するという意識の変革が必要です。

公営住宅等の建て替え支援策や税制優遇策等が検討されていますから、その内容を精査し活用しなければなりませんが、要介護高齢者数を基礎として、有料老人ホーム数や高優賃の数、特定施設入居者生活介護の指定枠を決めるといった数量を設定すればそれでよしとするのではなく、その地域に見合ったサービス内容や価格、将来的な福祉医療ネットワークを具体的にイメージした策定が求められます。

厚労省・国交省共同で、その基本方針が策定される予定ですが、同様に福祉施設や高専賃等といった制度を基礎とした数量基準（参酌標準）を示すのではなく、市町村や都道府県が、その地域事情に合わせて事業計画が策定しやすいような方針・支援策を検討すべきであると思います。

③高齢者住宅か福祉施設か

この「高齢者居住安定確保計画」には、有料老人ホームや高専賃の他、福祉施設等の整備目標も含まれます。特養ホームの待機者は、全国で４０万人を超えるとされており、また、今後、高齢者虐待など緊急対応が必要なケースも増えていきますので、福祉施設の増設も含めて考えることは重要です。

ただ、私は財政の効率運用という視点で見ると、要介護高齢者を対象とした高齢者の住処としては、特別養護老人ホームではなく高齢者住宅に重点を置くべきだと考えています。

現在の新型特養ホームの建設には高額の補助金が支出されており、全室個室で一人当たりの介護報酬が高く設定されています。しかし、その一方で、生活保護の高齢者を実質的に対象外としているところもあり、問題の大きい制度となっています。また、特養ホームは介護福祉施設であると同時に老人福祉施策の一つとして引き継がれているため、その利用料はもっぱら前年度収入を基準に決められており、資産が数千万円という人も、年金収入が低い場合、利用料は低く抑えられています。高さの違うセーフティネットが何枚も張られており、非効率で不公平な財政運用となっていることは否めません。

社会保障の財政が豊かで、お金をいくらでも使えるという状態ではありませんから、需要に即して、誰でも、いつでも必要な時に入所できるだけの特養ホームを作ることは実質的に不可能です。運良く入所できた人には手厚いが、それ以外の多くの人は我慢するというものでは、福祉施設として公平性に欠くことになります。

福祉施設と高齢者住宅の量的なバランスをどのように取るのかは、各市町村・都道府県の判断に委ねるべきだと思いますが、特別養護老人ホームは「介護が必要な高齢者の住宅・施設」という視点ではなく、「社会的弱者対応」「対応困難ケース」「緊急避難」等に限定するべきです。

「介護が必要な高齢者の住処の確保」という課題全般については、介護保険制度・高齢者住宅制度を中心にすえ、低所得者対策は生活保護法をセーフティネットとして統一する必要があると考えています。

高齢者が増えていくのはこれからですから、財政的にも長期安定的な事業計画を策定する必要があると思います。

以上、3点挙げましたが、共通することは、都道府県・各市町村のマネジメント力を強化するということです。

医療や介護対策、住宅対策、低所得者対策は、財政にあわせて規制すれば良いというものではなく、逆に量的に緩和すれば良いというものでもありません。これらを縦割りで検討しても、答はでてきません。高齢化率や要介護高齢者数が同じでも、住む人が違えば、風土、介護に対する考え方、地域コミュニティの力、現在のサービス状況もそれぞれに違います。病院や社会福祉法人だけでなく、町内会、民生委員、ボランティア等の力を連携すれば、その地域にあった対策が見つかるはずです。

お金のないときは、知恵をださなければなりません。地域の介護サービス事業所、医療機関、地域の設計会社、建設会社等、多くのサービスが関係するのですから、その地域経済に及ぼす経済的なメリットも小さくないはずです。

老人ホーム、高齢者住宅施策は、介護が必要となった高齢者が人として基本的な生活を送るための最後の砦であり、これを軽視している市町村は、その存在意義を問われることになります。「総量規制の枠を示してください」「国の方針が降りてきていない」「参酌標準を基礎として……」という依存はやめて、その地域の特性に合わせて工夫し、高齢者の暮らしを支えるシステムを構築するという、独自のマネジメント力が求められているのです。

日本は、人口が減少する時代に入り、格差社会、地方減退、資本主義の暴走・崩壊とあらゆる面で大きな転換点に立っています。これまでも先人は、様々な転換点において、困難に立ち向かい、独自の着想と工夫によって乗り越え、未曾有の経済発展を遂げてきました。前例主義や綱の引き合いではなく、今一度、官民一体となって、この課題を乗り切らなければならない節目の時期にきているのです。

濱田　孝一

濱田孝一（はまだ　こういち）

1967 年生まれ。経営コンサルタント。
1990 年立命館大学経済学部卒業、旧第一勧業銀行入社。
その後、介護スタッフ、社会福祉法人マネジャーを経て、
2002 年（株）ウイルステージ設立、現在同社顧問。
社会福祉士、介護支援専門員、宅地建物取引主任者、
ファイナンシャルプランナー。

著書
『失敗しない有料老人ホームの事業戦略』、ヒューマンヘルスケアシステム、2005 年、同改訂版、2006 年。
『家族のための有料老人ホーム基礎講座』、花伝社、2006 年。
『高齢者住宅の課題と未来』、ヒューマンヘルスケアシステム、2007 年。

HP　http://www14.plala.or.jp/koimo01/
MAIL　hamada@willstage.com

有料老人ホームがあぶない——崩壊する高齢者住宅事業——

2009年 7 月10日　初版第 1 刷発行

著者 ——濱田孝一
発行者 —平田　勝
発行 ——花伝社
発売 ——共栄書房
〒101-0065　東京都千代田区西神田2-7-6 川合ビル
電話　03-3263-3813
FAX　03-3239-8272
E-mail　kadensha@muf.biglobe.ne.jp
URL　http://kadensha.net
振替 ——00140-6-59661
装幀 ——テラカワアキヒロ
印刷・製本—中央精版印刷株式会社

ISBN978-4-7634-0551-7 C0036